ARKITEKTUR FORTÆLLINGER

ARKITEKTUR FORTÆLLINGER

– om Aarhus Universitets bygninger

Tekst Olaf Lind · Fotografi Poul Ib Henriksen · Aarhus Universitetsforlag

FORORD   Anledningen til denne bog er Aarhus Universitets 75-års jubilæum. Det var arkitekt Mads Møller fra C.F Møllers Tegnestue, som i 2001 opfordrede universitetet til at udgive en afløser for C.F. Møllers bog *Aarhus Universitets bygninger.* Den blev udgivet i 1978 i anledning af universitetets 50-års jubilæum og er stadig en vigtig og fotografisk fornem kilde til universitetets historie.

Titlen *Arkitekturfortællinger – om Aarhus Universitets bygninger* dækker både bogens fotos og tekster. De mange farvefotos, der er optaget af fotograf Poul Ib Henriksen i perioden fra sommeren 2002 til efteråret 2003, har deres eget forløb. De fortæller især om de gule parkbyggerier i forskellige belysninger og situationer og på alle tider af året. Visse steder er der korrespondance mellem fotos og tekst, men det er ikke den generelle hensigt. Billeder og ord fortæller hver deres historier. Og enkelte steder er der indsat et ældre sort/hvid-foto, der viser bygninger eller tilstande, som ikke findes mere.

Teksterne har form som 11 essays, der beretter om fortid, nutid og fremtid for universitetets bygninger. Også i teksterne er det centrale tema de gule parkbyggerier, som har haft en særpræget skæbne. For 70 år siden skabte arkitekturen i den første bygning en voldsom forargelse hos almindelige mennesker, men i nutiden vurderes parkbyggerierne som et internationalt berømmet hovedværk i dansk arkitektur. Til uddybning af det centrale tema fortæller teksterne om »moderbyen« Århus omkring 1930, da universitetet blev grundlagt, om stedet hvor det blev bygget, om arkitekterne bag byggeriet og om arkitektkonkurrencen i 1931, der var afgørende for byggeriets udformning. Det midterste essay handler om den langsomme, almindelige anerkendelse af parkbyggeriernes arkitektur. I de følgende essays fortælles om detaljer, typer og karakteristiske træk ved denne arkitektur, om universitetets byggerier uden for parkerne og om Aarhus Universitet set på baggrund af byggerierne ved de nyere, danske universiteter.

Min rolle ved denne bog begyndte, da rektor Niels Christian Sidenius i foråret 2002 spurgte, om jeg ville være dens forfatter. Den opfordring tog jeg imod som en både spændende og ærefuld opgave, der undervejs har vist sig også at være både lærerig og fornøjelig. Derfor retter jeg en stor tak til rektor og Aarhus Universitet for den tillid, der ligger i opfordringen.

Bogens tekster er blevet til i et tæt samarbejde med en følgegruppe, hvis medlemmer har været kontorchef ved ledelsessekretariatet Per Møller Madsen, direktør for Aarhus Universitetsforlag Claes Hvidbak, direktør for Forskningsfondens Ejendomsselskab A/S Jørgen Andersen og arkitekt, professor Hans Peter Svendler Nielsen, der nu er fondschef i Fonden Realdania. Gruppens kompetente vejledning har skabt et usædvanlig gunstigt arbejdsklima for forfatteren, suppleret af grundige og præcise kommentarer til manuskriptet fra sekretær ved Universitetshistorisk Udvalg cand.mag. Palle Lykke og informationschef Ingeborg Christensen.

8   Hos C.F. Møllers Tegnestue har jeg mødt stor imødekommenhed ved min søgning i tegnestuens arkiver. Desuden har nuværende og tidligere medarbejdere ved tegnestuen tålmodigt besvaret mine mange spørgsmål til universitetets bygningshistorie. Især siger jeg tak til arkitekterne Mads Møller, Henning Jensen, H.C. Søby og David Birnbaum. Endelig takker jeg arkitekt, professor Nils-Ole Lund, som har fulgt manuskriptets tilblivelse og har bidraget med væsentlige kommentarer til de arkitekturhistoriske og -teoretiske emner.

Også ved universitetets tekniske forvaltning har jeg kunnet hente mange oplysninger. Den registrant over alle universitetets bygninger, der findes som appendix til bogen, er udarbejdet af forvaltningen, som også har leveret registrantens AutoCad-tegninger af forskellige situationer i bygningsanlæggenes udvikling. Tegningerne er udført af bygningskonstruktør Morten Franck ved forvaltningen.

Bogens udgivelse er støttet af Aarhus Universitets Forskningsfond.

Odder i september 2003
Olaf Lind

Om Aarhus Universitets bygninger 2003 – om bygninger-
nes kanonisering som hovedværk i dansk arkitektur –
om byuniversitetet i universitetsbyen – om Campusbyen
og -virksomheden – og om den symbolske navngivning af
universitetets bygninger og veje.

FORÅRSBYEN | Enhver park er særlig dejlig om foråret. Løvspring, folk
der begynder at sole sig på bænke og plæner, fuglesang og blomsterduft
handler alt sammen om nybrud, ungdom og optimisme. Sådan er det også i
parkerne ved Aarhus Universitet, men her er foråret mere stabilt, så det synes
at vare hele året. Løvspringet er noget særligt i denne egepark, fordi egen
springer sent og langsomt, og det sartgrønne slør over træerne holder længe.
Mange af de solende mennesker er unge studerende, der bruger deres park
som både fristed og arbejdssted. Også bygningerne virker unge, selvom de
ældste af dem har stået her i 70 år. Deres karske, knappe former og farverne,
der spænder fra grå sandfarve på de ældste til næsten orange på de nyeste,
fortæller hele året en historie om ungdommelig dristighed. Det er historien
om en arkitektur, der engang var så ny og frejdig, at de få huse i datidens
park skræmte folk. Og nu, da husene efterhånden fylder parkerne og er beun-
dret for deres enkle og friske udtryk, er de som en hel by, der stadig fortæller
forårets historie om at være ung og moderne.

Et par år efter årtusindskiftet, 75 år efter at tankerne om denne forårsby
tog form som en universitær undervisning i Århus, er den kernen i Aarhus
Universitet. Det er vokset langt ud over parkerne, og det er helt omgivet af
byen Århus, men kernen, de gule bygninger i Universitetsparken og i Venne-
lystparken, opfattes billedligt stadig som Aarhus Universitet. Bygningerne
uden for parkerne har hver deres forskellige historie, der bliver fortalt senere.
Parkbyggerierne har derimod en fælles historie og en fælles arkitektur, der føl-
ger ét og samme mønster. Her er alle facader af gule mursten, og alle sadelta-
ge er belagt med gule tagsten. Bygningerne har forskellig højde, bredde og
længde, men de har alle det samme tagprofil, og deres placering har overalt
de samme to retninger, der afviger lidt fra verdenshjørnerne. Parkerne har
vidtstrakte, bølgede græsplæner, der brydes af bækken i bunden af den mo-
rænekløft, som deler parkerne på langs, og af søerne, som bækken udvider
sig til på vejen gennem kløften. Som stort set den eneste bevoksning er der
grupper af egetræer, der efter 70 års vækst har nået en anselig størrelse med
løv, der om sommeren spreder store, luftige felter af skygge på plænerne.

Den stringente og alligevel organiske ensartethed af gule og grønne ind-
tryk, som man får på en tur gennem parkerne, kunne tyde på en stram plan-
lægning af helheden fra starten af dette bygnings- og parkanlæg. Men det er
langt fra tilfældet. Næsten tværtimod. Meget lidt kunne forudses, da den
første bygning stod færdig i 1933. Den blev til efter en arkitektkonkurrence,

**Det vidner om en usædvanlig, stædig trofasthed,
at man gennem 70 år har kunnet gennemføre et stort
bygværk i samme arkitektoniske formsprog.**

12

som blev vundet af Kay Fisker, Povl Stegmann og C.F. Møller i samarbejde med landskabsarkitekten C.Th. Sørensen. Men netop denne bygning og parken omkring den har haft en kim i sig, der på forunderlig vis rummede den enestående helhed, som anlægget blev til. Gennem syv årtier har anlægget formet sig omtrent som en naturens organisme, der trods skiftende og til tider voldsomme vilkår alligevel når sin bestemmelse, sin forudbestemte form og størrelse.

Det vidner om en usædvanlig, stædig trofasthed, at man gennem 70 år har kunnet gennemføre et stort bygværk i samme arkitektoniske formsprog. I de samme syv årtier har man oplevet nyklassicisme, funktionalisme, regionalisme og modernisme, foruden, i slutningen af 1900-tallet, en række reaktioner på modernismen. Hele denne flod af stilistiske strømninger er tilsyneladende gået umærkeligt hen over de gule bygninger i parkerne. Men hvis man går i detaljer, kan man godt aflæse tidernes skiftende byggeteknik og enkelte moduler. Og ser man samtidigt på den første bygning fra 1933 og på Auditoriehuset fra 2001, så er forskellen tydelig, men det er slægtskabet også. I nyere, dansk arkitekturhistorie er anvendelsen af kun ét formsprog gennem så lang tid uden sidestykke. Opførelsen af Grundtvigskirken i København blev ganske vist begyndt 1921 og var først afsluttet 1940, men ellers skal man helt tilbage til renæssancens slotte og herregårde eller middelalderens storkirker for at finde byggeperioder på næsten et århundrede, og selv der kan man se

tydelige stilskift i samme bygværk. Det er blandt andet denne vedholdenhed i udtrykket, som gør Aarhus Universitets gule bygninger til noget enestående. Efter at de første bygninger i Universitetsparken af den almindelige offentlighed blev modtaget med dyb skepsis og skarp kritik, har man efterhånden måttet indse, at dette bygværk er noget særligt. Det er samtidig paradoksalt, at mens den første kritik gik på bygningernes nøgterne og barske modernitet, så bygger nutidens brede accept af hele bygværket bl.a. på, at det opfattes som et monument over venlig, dansk byggetradition. Skiftende tolkninger af et bygværk er set før, men sjældent så markant som her.

Flere forhold har været afgørende for skiftet i dette tilfælde. Det ene er det arkitektoniske klima, der har hersket i den langstrakte byggeperiode, et stilistisk vejrlig, der som nævnt har været præget af en hel del turbulens. På den baggrund har især lægfolket efterhånden kunnet opfatte universitetets gule bygninger som et kærkomment, sikkert ståsted, mens byggeriet rundt omkring gik grassat i grå betonelementer, finurlige, postmoderne påhit eller skæve dekonstruktioner. Et andet forhold ligger i havearkitekturen. Universitetets første bygning stod i 1933 på en bar græshøj kun omgivet af nogle spredte småtræer, som ikke engang ville gro. Også arkitekten, C.F. Møller, indrømmede, at det var en barsk omgang. Senere gik han og havearkitekten C.Th. Sørensen rundt på arealet og prikkede huller i jorden med en stok, og i hullerne lagde de friske agern, som nu efter 70 år er vokset til magtfulde ege-

træer. Og ved de store murflader blev der plantet vin og efeu, som har bredt sig så frodigt, at de nu, alt efter årstiden, danner kaskader af grønt, rødt og brunt løv i kontrast til det gule murværk. Parkernes vækster har mildnet på den barske fortid. De mange gule bygninger er vokset så tæt sammen med græsset, træerne og murløvet, at huse og vækster er blevet til en og samme helhed.

Et tredje og væsentligt forhold er, at der blandt arkitekter og lignende fagfolk fra begyndelsen har været bred enighed om den arkitektoniske kvalitet i bygværket Aarhus Universitet. Det er kommet til udtryk gennem alle syv årtier i talrige omtaler i danske og udenlandske tidsskrifter, hvorved bygværket efterhånden har fået status som et skoleeksempel på den såkaldte »funktionelle tradition«. Udtrykket stammer fra en af bygværkets egne arkitekter, Kay Fisker, og dækker over en særlig mådeholden og funktionsdygtig arkitektur, som har sat spor i dansk byggeri siden midten af 1800-tallet. Endelig har samspillet mellem by og universitet påvirket vurderingen af universitetsanlægget. I løbet af 70 år er der skabt et byuniversitet i en universitetsby, som i samme periode er vokset fra en lilleby til en storby. De to bymæssige organismer er efterhånden vokset så tæt sammen, at der er tale om en frugtbar symbiose, som bemærkes af både århusianere, andre danskere og udlændinge.

Begrebet byuniversitet indgik i planlægningen af de første bygninger til Aarhus Universitet i 1931, men da brugte man begrebet som en negativ be-

tegnelse for situationen ved Københavns Universitet, hvis kompleks i Den Indre By dengang som nu udgør en temmelig indviklet struktur af bygninger fra forskellige tider. I programmet for konkurrencen om Aarhus Universitet, der blev udskrevet den 2. maj 1931, citeres *Betænkning afgiven af Udvalget om Oprettelse af et Universitet i Jylland,* 1925. Udvalget ønskede »at det nye Universitet bliver et helt og i sin Udstyrelse fuldt ud tilfredsstillende moderne Universitet ... Universitetsbebyggelsen bør i det hele være bedre end ved Københavns Universitet, samlet men dog landskabeligt fri og smuk.«

I programmet anvendes ikke selve ordet byuniversitet, men henvisningen til Københavns Universitet markerer, at et kompleks, som er tæt integreret i byens struktur, det ville man absolut undgå. Senere, da Aarhus Universitet omfattede en del bygninger, har arkitekten C.F. Møller anvendt ordet »parku-niversitet« om sit værk, hvilket også er en rammende beskrivelse af den del af universitetet, som ligger i parkerne. Internationalt bruger man om denne bebyggelsesform ordet »campusuniversitet«, eller slet og ret campus, der er latin for en mark eller en åben slette. Men i tidens løb er universitetets bygninger og dets parker gradvist blevet en integreret del af Århus by, som siden 1930'erne fuldstændig har omsluttet både parkerne og universitetets forskellige anlæg udenfor. Derfor kan Aarhus Universitet nu med god ret beskrives som et byuniversitet, selvom det helt i overensstemmelse med udvalgets ønske blev noget ganske andet end Københavns Universitet

I betænkningen fra 1919 hedder det videre: »Et meget vigtigt Middel til at særpræge det nye Universitet er Udvalget enigt i at finde deri, at det nye Universitet i saa høj grad som muligt bliver et Kollegieuniversitet i den For-stand, at Universitetet ikke blot giver Studenterne Undervisning, men ogsaa til sin Raadighed har Studentergaarde, hvor Studenterne kan bo.« Og sådan blev det – til en vis grad, for i de nuværende ni kollegiebygningers 494 værel-ser er der kun bolig for ca. 2,3% af universitetets ca. 22.000 studerende. Des-uden findes ca. 100 boliger inden for eller omkring universitetsområdet til gæstelærere og -studerende fra udlandet. Men en så voldsom vækst af lan-dets andet universitet kunne man også umuligt forudse i 1919, eller i 1931, da konkurrencen blev udskrevet, eller langt senere for den sags skyld. Det var også forudsat i konkurrencens program, at der som en del af universitetet skulle opføres syv boliger til professorer, heraf tre eforboliger ved kollegierne. Idéen med disse boliger var, at »Lærer og Elever kom i mere intimt Samar-bejde end ved et Byuniversitet«, som arkitekterne selv udtrykte det i en tidlig projektbeskrivelse, men senere beskrev C.F. Møller dog idéen som ret utopisk.

»Et moderne Universitet«, som det hed i programmet, blev det også – alt for moderne mente et flertal af befolkningen, da den første bygning stod fær-dig i 1933. »Landskabeligt fri og smuk« var en anden af udvalgets formulerin-ger om byggeriet, og at der var et frit samspil mellem den første bygning og landskabet, kunne man nok enes om i 1933, men hvorvidt helheden var

16

smuk, var der stærkt delte meninger om. Den til tider hidsige debat om æstetikken i universitetets bygninger, som varede flere årtier, er nu afløst af den selvfølgelige anerkendelse, der ombølger et arkitekturværk i den internationale topklasse. Det er – rent arkitektonisk – en eventyrlig historie, som har en del ligheder med H.C. Andersens *Den grimme Ælling.*

Moderne universitet, kollegieuniversitet, parkuniversitet, campus- eller byuniversitet — hvordan man end benævner Aarhus Universitet i 2003, så er der tale om dimensioner i bystørrelse. De gule bygninger i parkerne, den tidligere Langelandsgade Kaserne, Forskerparken, Nobelparken, det tidligere Ortopædisk Hospital og IT-byen Katrinebjerg, er et anlæg med både størrelse og funktioner svarende til en almindelig by. Fordi universitetet rummer en campus og har struktur som en by, kunne man bruge navnet »Campusbyen« om dette anlæg, der dækker et område på størrelse med Århus Midtby inden for allégaderne, og hvis bygninger rummer mere end 300.000 m². Byens ca. 22.000 studerende, dens ca. 2.500 undervisere og forskere, og dens teknisk-administrative personale på ca. 2.000 personer svarer samlet til indbyggertallet i en middelstor provinsby. Århus Kommunehospital, der er et universitets-hospital, kan på sin vis også medregnes til Campusbyen, fordi hospitalet var et af de tunge argumenter for, at landets andet universitet blev placeret i netop Århus og ikke andre steder i Jylland – og at det fik netop placeringen tæt ved hospitalet.

Hertil kommer, at parkerne ved universitetet hver dag besøges af mange mennesker, som ikke har gøremål på universitetet, men som gør brug af deres bypark. På alle årstider er de to parker en oase af fredelighed med stier gennem store græstæpper, som man kan gå, sidde, ligge og kælke på, med skyggende egetræer og søer, hvor idyllen fuldendes med de traditionelle bænke og ænder. Denne bløde trafik af parkgæster skaber et rekreativt liv, som hører til billedet af netop dette byuniversitet, og den er endnu et udtryk for symbiosen mellem by og universitet.

Ligesom en almindelig by indeholder Campusbyen ud over boliger både arbejdspladser, forsamlingslokaler, biblioteker, museer, restauranter, caféer og fritidsanlæg. Men Campusbyen kan også betragtes som en virksomhed. I det billede er de studerende virksomhedens råstof, mens de studerer, og de er virksomhedens produkt, når de som færdige kandidater sendes ud i verden. Den studerende er under alle omstændigheder hovedpersonen såvel i billedet af universitetet som by og som virksomhed.

Et særlig karakteristisk produkt fra virksomheden er den frie forskning, som kun kan fremstilles af netop denne type virksomhed, der principielt skal være uafhængig af interesser udefra. Desuden udfører virksomheden helt konkrete opgaver for hospitaler og andre virksomheder i form af analyser, der forudsætter den ekspertise og det apparatur, som findes på virksomheden. Samtidig leverer både forskningen og de konkrete opgaver stof til undervis-

ningen af de studerende, der i dette billede kan beskrives som virksomhedens lærlinge.

Virksomhedens ca. 4.500 arbejdspladser er ligeså mangfoldigt forskellige som i en almindelig by. Et overvejende antal er skriveborde med computer, hvorved der forskes, studeres, undervises og administreres, men en del arbejde i virksomheden er af mere håndgribelig art. Det kan dreje sig om betjening af laboratoriernes teknik, pasning af forsøgsdyr, rengøring af byens mange bygninger, madlavning i kantinerne, gartnerarbejde i parkerne etc. Dertil kommer, at bygningerne og deres teknik konstant skal vedligeholdes eller renoveres, så skiftende hold af håndværkere stort set altid er på arbejde inden for byens område. Endelig må de studerendes studier også betragtes som et arbejde, der foregår overalt i kollegier, laboratorier, biblioteker og auditorier - eller på varme sommerdage i parkernes græs.

Under den synsvinkel er Campusbyen én stor arbejdsplads – så langt den største i Århus – som nødvendigvis må have sine rekreative områder og faciliteter. Byens parkanlæg har en vigtig rekrativ funktion, idet bygningernes selvstændige placering på campus betyder, at man skal ud i det fri, for at komme fra en bygningsgruppe til en anden. Det er campusuniversitetets særlige egenskab, som alt efter vejrliget kan være mere eller mindre behagelig, men den hører til det oprindelige, pædagogiske grundlag for denne type universitet.

Campusbyen rummer ikke mindre end 10 restauranter (kantiner) foruden en række mere eller mindre officielle caféer (kaffestuer) og værtshuse (barer). Restauranternes størrelse og beliggenhed spænder vidt fra det intime lokale på 7. sal ved Fysisk Institut, hvorfra der er en imponerende udsigt over by og bugt, til Stakladens vældige, mørke rum i Studenternes Hus med en kapacitet, der overgår de fleste restauranter uden for byen. I sommermånederne udvides Stakladen endda med et vældigt telt, som blev særligt fremstillet til universitetets 70-års jubilæum. Caféerne kan have form som miniudgaven af Stakladen i Bartholinbygningens tagetage, hvor der brygges kaffe og serveres let mad, eller caféen kan blot være et ydmygt køkkenbord med en kaffemaskine sammen med et par borde og stole, som de kan ses på etagerne rundt om i de gule bygninger.

Uden for universitetets regi men inden for dets område og i pagt med den gule arkitektur findes endda en kiosk, »Uni-kiosken«, der er placeret strategisk fornuftigt på grænsen mellem Campusbyen og »moderbyen« ved hjørnet mellem Nørrebrogade og Wilhelm Meyers Allé, hvor borgere fra begge byer kan have fornøjelse af den. Kioskens lille bygning var den sidste, der blev tegnet af C.F. Møller selv. En vigtig institution i Campusbyen hedder »fredagsbar«.Ved ugens slutning i semestrene markeres den tilstundende weekend overalt i byen med planlagte eller spontane, store og små arrangementer uden- og indendørs, som vejret tillader det. Således er den sidste del af fre-

Overalt, hvor man færdes på universitetets område,
er man omgivet af navne, der knytter institutionen til,
hvad man kunne kalde videnskabernes mytologi.

dagene helliget fadøl i plastbægre og uforpligtende snak inden for og på tværs af de daglige faggrænser.

I nyeste tid har Campusbyen fået såvel et stort konferencecenter som et lille klubhus. Gennem lang tid var der opsparet et behov for flere store auditorier til både offentlige og interne forelæsninger og møder. Det blev afhjulpet, da Auditoriehuset stod færdigt i 2001. Med sin placering i Universitetsparkens sydlige del er bygningen arkitektonisk et modstykke til Aulaen, der afslutter slugten mod nord. Aulaen er Campusbyens store, officielle samlingssal, hvor de højtidelige, interne begivenheder finder sted, mens Auditoriehuset har både ind- og udadvendte funktioner. Bygningen indeholder ét stort og fire mindre auditorier omgivet af store foyerarealer, der tilsammen udgør et rummeligt center for endog store konferencer, ligesom det kan anvendes til Campusbyens daglige små og store forelæsninger. Det lille klubhus, Faculty Club, der er placeret som en tilbygning til Studenternes Hus, og som blev indviet 2002, er fortrinsvis udadvendt. Det er et socialt mødested for universitetets folk og deres gæster, et tværfagligt, internationalt åndehul, hvor gæstende professorer og studerende, emeriti og Campusbyens faste indbyggere kan møde hinanden i behagelige, uforpligtende rammer.

Overalt, hvor man færdes på universitetets område, er man omgivet af navne, der knytter institutionen til, hvad man kunne kalde videnskabernes mytologi. Navngivningen af universitetets bygninger og veje er ikke kun et

minde om den person, som man opkalder efter. Det er en rituel besværgelse, der skal sikre en historisk kontinuitet i det, man foretager sig på stedet. Ved bygninger og veje i området mærker man navnenes rituelle magt, der føjer en mytisk dimension til det forholdsvis unge universitet. Navnene er hentet i den tidligste danske videnskabs historie, men også i den allernyeste, med personer der har været knyttet til Aarhus Universitet, eller som har deltaget i universitetets oprettelse – »universitetets fædre«.En svensker er også kommet med – og en arkitekt.

Bartholins Allé og *Bartholinbygningen,* der er opført 1969-74, og som huser en række sundhedsvidenskabelige institutter, skal minde om et af de i denne sammenhæng magtfulde danske navne, fordi det skaber forbindelse til en række højt estimerede videnskabmænd i 1600- og 1700-tallet, som var knyttet til hinanden af slægtsbånd og historiske sammentræf. Caspar Bartholin den Ældre (1585-1629) var læge, teolog og stamfader til en række videnskabsmænd, hvoraf bl.a. 12 blev professorer ved Københavns Universitet. Han udgav selv i 1611 en lærebog om menneskets anatomi, der gjorde ham berømt i hele Europa. Hans søn Rasmus Bartholin (1625-98) var naturforsker, højesteretsassessor, professor og havde ved universitetet den senere astronom Ole Rømer som en af sine studerende. Ole Rømer tog i øvrigt studentereksamen fra Latinskolen i Århus (Katedralskolen) i 1662. En bror til Rasmus, Thomas Bartholin den Ældre (1616-80) var professor i anatomi, matematik og

medicin og opdagede lymfekarsystemet, og han var privat præceptor (studie-vejleder) for Niels Stensen, der selv vandt berømmelse som anatom og geo-log og ikke mindst som katolsk biskop i Tyskland, hvor hans gerning bevirke-de, at han blev helgenkåret 1988. Den begavede slægt fortsatte med Thomas Bartholins søn, Caspar den Yngre (1655-1758), der var professor i anatomi, og som opdagede og lagde navn til de bartholinske kirtler, der findes i kvin-dens ydre kønsorganer.

Niels Stensen (1638-86) er med sit latinske navn Nicolaus Steno knyttet til *Steno Museet,* Danmarks Videnskabshistoriske Museum, bygget 1994, ligesom Ole Rømer (1644-1710) har lagt navn til observatoriet, der ligger i Fredens-vang syd for Århus. *Ole Rømer Observatoriets* bygninger blev opført 1911 efter tegninger af arkitekten Anton Rosen og med Århus Kommune som bygher-ren, der håbede, at observatoriet kunne fremme idéen om et universitet i Århus. I 1956 overdrog kommunen observatoriet til universitetet, hvor det blev en del af Fysisk Institut. 1981-94 anvendtes direktørboligen som viden-skabshistorisk museum, indtil denne funktion blev overtaget af Steno Museet. I nutiden anvendes observatoriet til offentlige, astronomiske forevisninger og til undervisning og forskning ved Astronomisk Afdeling.

Endnu et navn har forbindelse til slægten Bartholin. Polyhistoren Ole Worm (1588-1654) var født i Århus, han gik i byens latinskole, og ved sit gif-termål i 1615 blev han svoger til sin ven, den føromtalte Caspar Bartholin.

Worm var uddannet som læge, men som man gjorde dengang, studerede han flere andre videnskaber som botanik, zoologi, kemi og fysik. Desuden vandt han særlig berømmelse som grundlæggeren af dansk runeforskning. I 1613 blev han professor i latin ved Københavns Universitet, hvor han senere var rektor i to perioder. *Ole Worms Allé* forløber midt igennem »medicinerkæ-den« i Universitetsparkens vestlige del.

Alfred Nobel (1833-96) var svensk industrimagnat og opfinder – af bl.a. dynamit. Han skabte sig en stor formue, hvis afkast er grundlaget for Nobel-priserne, kendt som verdens mest prestigefyldte anerkendelse af en videnska-belig, kunstnerisk eller politisk indsats. Nobelprisen i kemi tildeltes i 1997 pro-fessor ved Aarhus Universitet, dr. med Jens Chr. Skou (f. 1918), for hans forsk-ning i cellernes såkaldte natrium-kalium-pumpe. Begivenheden gav anled-ning til, at Alfred Nobels navn blev knyttet til universitetets store, nye rød-stenskompleks, *Nobelparken,* der blev taget i brug 1999, og *Jens Chr. Skous Vej* går krumt gennem komplekset.

Victor Albeck (1869-1933), der var Fødselsanstaltens første overlæge og en af pionererne ved universitetets oprettelse, har lagt navn til både *Victor Albeck-Bygningen,* den tidligere Fødselsanstalt, som nu huser Det Sundheds-videnskabelige Bibliotek og Uddannelsescenter, og *Victor Albecks Vej,* som er den stejle og snoede, der krydser slugten neden for Aulaen. Desuden findes Victor Albecks gravsted ved vejkrydset umiddelbart øst for Auditoriehuset.

Wilhelm Meyers Allé, der er Universitetsparkens adgang til Nørrebrogade, har sit navn efter Danmarks første ørelæge, Wilhelm Meyer (1824-95). Han nævnes som faderen til dansk otologi (hoved- og halskirurgi) og blev verdensberømt, da han i 1867 opdagede polypperne i menneskets halssvælg. *Karl Verners Vej* løber langs kollegierne 4-6 og er opkaldt efter sprogforskeren Karl Verner (1846-96), der var født og opvokset i Århus, og som var berømt for sin forskning i det germanske sprogs lydudviklinger. Fredrik Nielsen (1846-1907) var biskop i Århus 1905-07, kirkehistoriker og en tidlig fortaler for oprettelsen af et universitet i Århus. *Fredrik Nielsens Vej* er da også adgangsvej til Det Teologiske Fakultet nord om Studenternes Hus.

Niels Jensen (1890-1952) var bankdirektør i Århus, et skattet medlem af Universitets-Samvirket og desuden hovedkraften bag oprettelsen af studenterkollegierne. Niels Jensens Vej er derfor naturligt adgangsvej til kollegierne 1-3. Carl Holst-Knudsen (1886-1956) var landsretssagfører i Århus og ligeledes en af »fædrene« som den energiske formand for Aarhus Universitets bestyrelse og for Universitets-Samvirket. *Carl Holst-Knudsens Vej* er adgangsvej til kollegierne 7-9 langs Nørrebrogade. Endelig er den mest fremtrædende af universitetets arkitekter, C.F. Møller (1898-1988) hædret med *C.F. Møllers Allé,* der forbinder Universitetsparken med Kaserneboulevarden.

I sammenligning med alverdens universiteter hører Aarhus Universitet med sine 75 år absolut til den yngre generation. Københavns Universitet blev f.eks. stiftet 1479, og universitetet i Bologna dateres som verdens ældste til 1088. Men trods sin ungdom – og bl.a. gennem navnenes magi – står Aarhus Universitet på frugtbar og historisk fast grund.

THE "SPRING TOWN"

Parks are especially delightful in springtime. The delicate splendour of newly sprung leaves, the scent of flowers, the chirping of birds, and the sight of people relaxing in the sun on the lawns and park benches – all bring forth a message of renewal, youth, and optimism. And this description can certainly be applied to the parks in which the University of Aarhus is situated – the University Park and the Vennelyst Park. In these parks, with their quite magnificent oak trees, it could even be said that spring seems to last longer! It is in these tranquil surroundings that many young university students – and others – choose to relax or study.

This is a story about an architecture that – once upon a time – was so new and daring that people felt almost intimidated by it. Now, however, at the beginning of the new millennium and 75 years after the concept of a 'spring town' began to take shape as a centre for university education in Aarhus, this 'spring town' now forms the core of the University of Aarhus. Whilst the University has now grown far beyond the boundaries of these parks, this core – consisting of the yellow brick buildings in both the University Park and the Vennelyst Park – is still, metaphorically speaking, the University of Aarhus. Of course the buildings outside the parks do have a story of their own, but more will be said about them later.

The buildings in the parks have a common story and a common architecture that has retained the same architectonic style. All the buildings have facades of yellow brick, and have saddle roofs covered with yellow roof tiles. The buildings – orientated north-south or east-west – vary in length, breadth, and height, but the roof profile is the same. The impression of a stringent and yet organic uniformity of yellow and green, which meets the eye when one strolls through the parks, seems to be the result of very precise planning of the entire complex from the very beginning. But this is not the case – in fact almost the contrary. Very little was predictable when the first building was completed in 1933. It was the result of an architectural competition which was won by the three architects Kay Fisker, Povl Stegmann and C.F. Møller, together with landscape architect C. Th. Sørensen, and it was exactly that building and the surrounding park that, in a manner of speaking, contained the seed which, in its own remarkable way, embraced the unique and unified whole that the complex was to become. Throughout seven decades this complex has developed almost like an organism of nature itself, which, despite changing and sometimes quite violent conditions has eventually reached its destination and its predetermined shape and size.

After a century in which numerous stylistic currents developed, the Campus as it is today reveals an unusual faithfulness to the original concept. A comparison of the original 1933 building with the 2001 Auditorium will reveal an obvious difference, but there is also a kinship. In recent Danish architectural history the implementation of one single stylistic expression is without precedence. Only the manors of the renaissance – with a construction period of almost a century – seem to come close. The maintaining of this single stylistic expression has made the yellow buildings of the University of Aarhus quite unique. It must be said, however, that the general public met the first buildings with criticism and scepticism, but gradually these feelings were replaced by a natural recognition of an architectural masterpiece of international rating. In fact it is now seen as a monument to the friendly Danish building tradition. Changing interpretations often occur, but seldom as pronounced as in this case.

A charming detail is to be found in the landscaping of the campus. In 1933 the first building was erected on a bare grass hill, surrounded by some few scattered trees that actually had a tough time growing and surviving. Even C.F. Møller admitted that it was a difficult task! Later, while he and the landscape architect C.Th. Sørensen were walking about the site, they poked a small hole in the earth with a stick and sowed fresh acorns, and these are now the beautiful oak trees that spread their leaves over the campus today. Ivy was also planted, and many of the outer yellow brick walls are now decked in ivy – a rather distinctive feature of the campus – and depending on the time of year, the ivy forms cascades of green, red or brown in contrast to the yellow masonry.

During the planning stage the expression 'Town University' was never used, but references to the University of Copenhagen would indicate that a complex integrated with the town should be avoided. Later, though, when the University of Aarhus included a number of buildings, C.F. Møller did use the term 'Park University', which internationally covers the term 'Campus University', to describe his work. But, no matter what name is attached to it in 2003 the University of Aarhus has indeed grown tremendously over the years.

The yellow buildings in the parks, the former barracks on Langelands-gade, the Science Park, the Nobel Park, the former Orthopaedic Hospital and the IT-Town 'Kathrinebjerg', all add up to a campus with the size and functions of a town. The Municipal Hospital may also be included in the campus, as this was in fact one of the most important reasons for choosing to place Denmark's second university in Aarhus. The buildings now range over 300,000 square metres, and with a population of 22,000 students, 2,500 tutors and scientists, and a technical and administrative staff of 2000, it has the magnitude of a provincial town. Just like any town the campus includes dwellings, working places, assembly facilities, libraries, museums, restaurants, and leisure facilities, and the 4,500 workplaces in the University are as different as anywhere else.

Everywhere in the University grounds one is surrounded by names relating the campus to what may be called 'The Mythology of Science'. A number

of great scholars are connected, although obviously not always to the University itself, but rather to the location. The naming of the University's buildings and streets after distinguished people not only honours them, but is also a ritual evocation, ensuring historical continuity in the work and research carried out at the University. Among others, names like Ole Rømer, (1644-1710), Niels Stensen (1638-86), Ole Worm (1588-1654) Thomas Bartholin (1616-80), Rasmus Bartholin (1625-98), Caspar Bartholin (1655-1758), Alfred Nobel (1833-96) recall the great past. Jens Christian Skou (born in 1918), professor at the University of Aarhus, was awarded the Nobel Prize in 1997, and this event led to naming the newest building of the University the 'Nobel Park'. The University's most prominent architect, C.F. Møller (1898-1988), has also been honoured with C.F. Møllers Allé.

Compared to the University of Copenhagen, which was founded in 1479, and the University in Bologna – the world's oldest dating back to 1088 – the University of Aarhus, in celebrating its 75th anniversary, belongs to the younger generation of universities. Despite its youth, however, and through the magic of names – the University stands firmly on fertile and historic ground.

Om Aarhus Universitet som en koloniby – om universitetet som en folkesag for borgerne i Århus – om bygninger og anlæg i 1930'ernes Århus – om Århus som et arnested for datidens moderne arkitektur og om byen i krisens årti.

MODERBYEN | Så langt man kan se tilbage i historien, har bybygning været et vigtigt værktøj, når man ville underlægge sig nyt land. I egnene omkring Middelhavet stod antikkens grækere, etruskere og romere bag en omfattende kolonisation af nye områder, der ofte havde udgangspunkt i en eksisterende by, en »moderby«. Af religiøse – og givetvis taktiske – grunde omgav man dengang bygningen af en ny by med allehånde ritualer. Et af dem var at overføre jord og ild fra moderbyen til den nye by, hvor de blev opbevaret som relikvier. Det væsentlige i dette ritual har været, at den nye by skulle have nogle rødder i moderbyens fortid som et mytisk værn i den usikre fremtid.

Der er nogle paralleller mellem bygningen af Aarhus Universitet uden for moderbyen Århus og kolonibyer i det hele taget. Området, hvor det nye skulle bygges, var på flere måder et land, der skulle erobres, og i en vis forstand var det endda fjendtligt område set fra universitetets og moderbyens side. Også usikkerheden havde universitetets fædre til fælles med historiens kolonister, for man forestillede sig knapt, at det nye deroppe på bakken skulle blive

til en slags by. Vel overførte man ikke bogstaveligt jord og ild fra Århus by til det nye byggeri, men en del andre ritualer blev gennemført. F.eks. nedlagde man hele tre grundsten i universitetets første bygning ved højtideligheden i 1932. Landets konge, Christian X, lagde den første, landets undervisningsminister, Frederik Borgbjerg, lagde den anden, og moderbyens borgmester, Jakob Jensen, lagde den tredje. Byens feststemning ved både grundstensnedlæggelsen og indvielsen af den første bygning året efter, de mange honoratiores i jaket og høj hat og de feststemte taler var også dele af datidens ritualer. Kræfterne, ambitionerne og forhåbningerne, som Århus lagde i sit universitet, kunne sikkert måles med den mytiske bagage hos antikkens kolonister, når de drog ud fra moderbyen.

Baggrunden for en kolonisation har i reglen været, at der var krise i moderbyen, eller at byen havde et overskud af befolkning og ressourcer, der gav den kræfter til at underlægge sig nyt land. Århus havde dengang en kombination af krise og kræfter. Alle historiebøger beskriver 1930'erne som krisens årti. Det store krak i 1929 på børsen i New York kastede lange skygger over hele verdens økonomi samtidig med, at Europa søgte at reparere skaderne efter 1. verdenskrig, der havde ødelagt både reelle, politiske og moralske værdier fra verden af i går. I Danmark fulgte man især udviklingen i Tyskland, hvor den demokratiske Weimarrepublik i februar 1933 blev afløst af det nationalsocialistiske despotvælde. Men i foråret 1931 kunne man stadig lægge

De århusianske medlemmer af komitéen
lod sig dog ikke nøje med den brede jyske synsvinkel.
De ville have et universitet i Århus.

30

store planer i Århus. Idéen bag de store planer var gammel, men i tiåret forud for det frugtbare forår 1931 var det blevet alvor. Idéen var oprindeligt formuleret som »oprettelsen af et universitet i Jylland«, og 1919 blev der stiftet en jysk komité til fremme af dette geografisk ubestemte formål. De århusianske medlemmer af komitéen lod sig dog ikke nøje med den brede jyske synsvinkel. De ville have et universitet i Århus. Landets næststørste by, som trods krisetiderne var under både fornyelse og vækst, ville markere sig over for andre byer i Jylland med ambitioner som universitetsby, så i 1921 stiftede man »Universitets-Samvirket, Aarhus«.

Det stiftende møde blev afholdt i byrådssalen i rådhuset lige nord for Domkirken. I mødet deltog 15 personer, heraf flere medlemmer af byrådet med borgmester Jakob Jensen i spidsen. De øvrige var fortrinsvis erhvervsfolk, mens samvirkets formand blev Holger Strandgaard, overkirurg ved Århus Kommunehospital. Planerne for et universitet i Århus blev således fostret af byens erhvervsliv, dens politikere og akademiske institutioner med Kommunehospitalet og Fødselsanstalten som både praktisk og videnskabelig forankring.

Lige fra begyndelsen og frem til midten af 1900-tallet var det lokale initiativ og en bred, lokal offervilje helt afgørende for universitetet i Århus. Lokalpatriotismen gjorde sit til, at også den almindelige borger i Århus og omegn blev lydhør for universitetssagen, som udover af store gaver også blev støttet

af mange små bidrag. F.eks. kunne man for 25 øre købe et postkort med et digt af byens egen digter Hans Hartvig Seedorff. Kortet blev uden avance solgt af boghandlere endda i hele Jylland. I løbet af 1920'erne blev universitetet en folkesag for indbyggerne i og omkring den jyske hovedstad, men sagen havde modstandere i det jyske, og den vægtigste modstander var den politiske centralmagt, repræsenteret ved den siddende regering og den videnskabelige centralmagt, Københavns Universitet. Et udvalg var som tidligere nævnt nedsat af regeringen allerede 1919 med det formål at afklare spørgsmålet om et jysk universitet og ikke mindst placeringen heraf, men statslig støtte til landets andet universitet stod slet ikke på den politiske dagsorden. Samvirket i Århus måtte klare sig selv, og det lykkedes så godt, at kommissionens betænkning fra 1925 pegede på Århus som den mest velegnede placering. Betænkningen var ikke énstemmig, ligesom der ved Københavns Universitet var kræfter både for og imod det jyske universitet. Men da Samvirket i 1928 fik oprettet en undervisning på universitetsniveau i lejede lokaler på Teknisk Skole i Århus, var der banet en vej frem til de store beslutninger i 1931.

Midt i februar 1931 kom Folketingets universitetsudvalg bestående af 17 personer på besøg for at besigtige denne by, der havde kandideret så kraftigt til at blive universitetsby. Situationen minder næsten om vore dages udpegning af værtsbyen for den næste olympiade. Under alle omstændigheder gik

et flertal i udvalget ind for Århus som vinder af det jyske kapløb, og dermed var sluserne åbnet for en hurtig rækkefølge af begivenheder. Århus Kommunes gavebrev til universitetet lydende på »et Areal på 20 tdl. ved Randers Landevej« var overdraget til Universitets-Samvirket allerede i foråret 1929, men Indenrigsministeriets samtykke til gaven forelå først kort før det vigtige udvalgsbesøg i Århus. *Lov om Anerkendelse af og Tilskud til Universitetsundervisningen i Aarhus* blev vedtaget i Rigsdagen sidst i marts, og byrådet kunne derefter udsende *Program for en Konkurrence om et Universitet i Aarhus,* dateret den 2. maj 1931. Forslag til konkurrencen skulle indleveres senest fredag den 4. september. Dommerne ankom til byen mandag den 7. september og allerede tirsdag den 8. kunne dommerkomitéen udpege vinderen blandt de 22 indsendte forslag. De fire arkitekter bag vinderforslaget, C.F. Møller, Kay Fisker, Povl Stegmann og landskabsarkitekten C.Th. Sørensen samt ingeniørerne A.C. Niepoort og H. Wied har derefter haft travlt, for allerede den 30. august 1932 – altså mindre end et år senere – kunne man nedlægge grundstenen til den første universitetsbygning, som igen et år senere, den 11. september 1933 blev indviet med en byfest, hvis format ikke er overgået hverken før eller siden.

Selve indvielsen foregik i et stort telt, der var placeret mellem den nye bygning og Niels Ebbesensvej, som dengang var navnet på den nuværende Nørrebrogade. Teltet var nødvendigt, fordi ingen lokaler i eller i nærheden af bygningen kunne rumme de ca. 1.000 mennesker, som var inviteret til højtideligheden. De vigtige, formelle ord om indvielsen af *Aarhus Universitet* – som dermed var en kendsgerning – blev udtalt af kongen, Christian X. Der var taler af de mange, som havde stået i spidsen for universitetets opbygning, en festkantate skrevet til lejligheden af Hans Hartvig Seedorff, blev fremført under ledelse af dirigenten Johan Hye-Knudsen, og hele festligheden blev transmitteret af Statsradiofonien. Derefter blev den nye bygning vist frem for de inviterede gæster. Der findes et filmklip herfra, hvor Christian X og C.F. Møller ses sammen på trapperne i bygningen fulgt af de mange gæster. Det har sikkert været ved denne lejlighed, at majestæten udtrykte sit mishag med bygningens arkitektur, idet han – ifølge C.F. Møllers eget referat – rådede den unge arkitekt til at studere de danske herregårde. Senere på dagen, der var begunstiget af strålende solskin, fik offentligheden adgang til den nye bygning, som desuden kunne beses i ro og mag fra nogle hvide bænke, der var opstillet på bakken omtrent hvor nu kollegierne 1-3 ligger. Festdagen fortsatte med festmiddag for de inviterede på Hotel Royal, festforestilling på Aarhus Theater og et fakkeltog af unge kvinder og mænd med studenterhuer. Faklerne gik gennem byens gader fra ridehuset på kasernen i Vester Allé – hvor der blev afholdt en stor folkefest – til Bispetorvet, hvor undervisningsminister Frederik Borgbjerg holdt tale til en forsamling, der ifølge øjenvidner talte ca. 30.000 mennesker. Borgbjerg sagde bl.a., at han aldrig før havde set så mange mennesker forsamlet, og at han, hvis han ikke havde været københavner, ville have boet i Århus. Det var en feststemt retorik, der lagde et forsonende slør over den ældgamle rivalisering mellem hovedstaden i riget og »hovedstaden« i Jylland.

Det var en mageløs festdag i Århus den 11. september 1933, og der var en rasende energi og entusiastisk eufori over hele forløbet frem til den dag. Det kan kun forklares ved begrebet folkesag, dvs. en sag der engagerer alle grupper af en befolkning, i dette tilfælde en by med ca. 80.000 indbyggere, dens fagfolk på sagen, dens politikere og erhvervsliv, dens almindelige borgere og, ikke mindst, dens medier. Oprettelsen og bygningen af Aarhus Universitet var byens projekt i en forstand, som man næppe kan forestille sig i dag. De økonomiske midler, der var indsamlet i årene forud, kunne ikke dække både anlægs- og driftsudgifter ved den første bygning. Men efterhånden som projektet nærmede sig sin realisering, strømmede det ind med gaver fra lokale firmaer i form af byggematerialer og -ydelser lige fra mursten og tagsten til vinduespudsning. I 1932 påtog staten sig da også at betale lønnen til en enkelt filosofisk professor, og kun et halvt årstid før indvielsen af den første bygning blev den betrængte økonomi lettet af en anonym gave på ikke mindre end 100.000 kroner. De ældste universiteter fra middelalderen i Bologna og Paris blev stiftet på initiativ af lærere eller studerende. Det var kongen, Christian I, der med pavelig tilladelse fik oprettet Københavns Universitet

1479, og i USA er flere universiteter blevet til ved donation fra en enkelt rigmand. Men i Århus var det byen, der stod bag.

Byen Århus havde også tidligere kastet sig ud i kraftpræstationer. Landsudstillingen, der i den regnvåde sommer 1909 stod på strandarealerne lige syd for byen, havde været en gigantisk opgave, som sikkert stod frisk i erindringen en snes år senere – ikke mindst fordi den, delvist på grund af det elendige sommervejr, havde efterladt et dundrende underskud i byens regnskaber. Der havde været tale om en anden placering af udstillingen, nemlig i området nord for Vennelystparken, dvs. hvor nu Aarhus Universitet ligger, men udstillingens arkitekt, Anton Rosen, syntes, at den placering var for afsides. Udstillingsarealerne ved stranden var i øvrigt på tale, da man skulle vælge grund til universitetet, ligesom et areal syd for Marselisborg Hospital. Landsudstillingen skulle bl.a. markere den vækst, som fandt sted i Århus omkring århundredskiftet. Byens indbyggertal var f.eks. mere end fordoblet fra ca. 24.000 til 52.000 i perioden 1880-1901, erhvervslivet udnyttede industrialiseringen til en kraftig ekspansion, og kulturlivet satte sig fornemme spor med bygninger som Aarhus Theater fra året 1900 tegnet af arkitekten Hack Kampmann, der også stod bag en række andre betydelige bygninger i byen. Anton Rosens udstilling, der blev kaldt »Den hvide By ved Havet«, var i sig selv en arkitektonisk kraftpræstation, som med sine lette, hvide træbygninger vakte opsigt i både ind- og udland. Dertil blev udstillingens »Stationsby«, hvis

bygninger var tegnet af landets fremmeste arkitekter, et kampråb for en helt ny arkitektur, der senere blev organiseret i foreningen »Bedre Byggeskik«. Med andre ord var Århus i begyndelsen af 1900-tallet et arnested for bevidst og avanceret arkitektur.

Grundlaget for byens fremdrift omkring 1930 var i høj grad udbygningen af trafiknettet, som yderligere var baggrund for en række nye byggerier. Havnen – byens oprindelse og stolthed – blev i slutningen af 1920'erne udvidet mod syd, og 1930-33 udvidede man mod nord med en ny fiskeri- og lystbådehavn ud for Østbanegården. Et andet led i byens oprindelse, Århus Å, måtte til gengæld ofres i trafikudviklingens uhellige navn. Overdækningen af åen skete af hensyn til den voksende automobiltrafik og i flere etaper i løbet af 1930'erne. Der skulle skabes en bred vejforbindelse fra havnen til byens vestlige del. Efter datidens trafikglade normer var det en glimrende idé, som fungerede i henved 60 år, indtil den blev overhalet af mere miljøbevidste idéer om byers trivsel. På samme måde var den ny bilisme årsag til projektet for en ringgade vest og nord om Århus by. Vejen blev bygget i etaper 1926-39 med den ca. 300 m lange bro over baneterrænet som en af datidens store ingeniørbedrifter. Vejens linieføring var fastlagt ved en konkurrence, som Aarhus Kommune udskrev i 1919, og som blev vundet af ingeniør A. Klixbüll. Det er rørende at se gamle fotos fra den helt nye ringgade ved Silkeborgvej. Den gik tilsyneladende gennem åbent land. Der var kun ganske få bygninger

langs vejen, og – der var ingen biler på den firsporede vejbane, da fotografiet blev taget. Men i de følgende årtier kom der så rigeligt af både biler og bygninger på Ringgaden, så det store projekt var udtryk for et usædvanligt politisk fremsyn.

Trods datidens begejstring for bilen tog Århus også hånd om den kollektive trafik. Hovedbanegården, der blev indviet 1929, afløste en tidligere fra 1882. Den nye placering forudsatte en kolossal omlægning af de nærliggende gader, fordi Banegårdspladsen skulle anlægges i et niveau adskillige meter over det oprindelige terræn. Arbejdet stod på gennem det meste af 1920'erne, men så havde byen også et imponerende anlæg med banegårdsbygningen i formel, nyklassicistisk stil tegnet af Statsbanernes arkitekt K.T. Seest (der var århusianer), og med Banegårdspladsen omgivet af bygninger, som var tegnet af byens egen arkitekt Axel Høeg-Hansen i en lidt mere frigjort nyklassicisme. Og i 1930 fik Århus en ny rutebilstation, som dengang var Nordens største.

Således rustet med trafikanlæg gik Århus ind i de problematiske 1930'ere, der fra begyndelsen også varslede om helt nye tider i arkitektur, formgivning og livsstil. De nye signaler om oprøret mod traditionerne i arkitekturen kom fra syd, især fra Bauhaus-skolen i Tyskland med kravet om »neue Sachlichkeit« og fra enkelte arkitekter som le Corbusier i Frankrig, der gjorde sig fri af historien på en mere personlig måde. Disse opbrud foregik i 1920'erne og fik form som opførte bygninger. I Danmark hang man stadig fast i traditionerne, som tidsskriftet *Kritisk Revy* til gengæld gjorde grundigt grin med i sin korte levetid 1926-28. Endnu var det kun en kamp på ord mellem arkitekterne, men efter 1930 sivede funktionalismens budskab langsomt ind også i Danmark. Først i København, hvor »Den hvide kødby«, opført 1931-34 og tegnet af stadsarkitekten, P.F. Holsøe, var et af de tidligste reelle tegn på, at udviklingen var ved at vende. Siden blæste de nye vinde også i Århus, og her var det Aarhus Universitets første bygning, som i 1933 hensatte byens borgere og mange andre i undren og forargelse over den nye arkitekturs simpelhed. Århus var igen tidligt ude med arkitektur fra avantgarden.

Det samme hold af arkitekter og ingeniører – dog uden Povl Stegmann – som vandt konkurrencen om Aarhus Universitet i 1931, havde året forinden vundet konkurrencen om Aarhus Kommunehospital. I konkurrencens program var det anført, at der skulle være plads til udvidelser, som »tager Sigte paa, at Aarhus Kommunehospital i Fremtiden kan blive benyttet som Undervisningshospital for medicinske Studerende.« Dermed var der lagt endnu en sten i fundamentet for byens kommende universitet. På den store festdag i september 1933 har man fra universitetsgrunden tværs over Niels Ebbesensvej (nu Nørrebrogade) kunnet se forberedelserne til de nye hospitalsbygninger, der i modsætning til den da netop indviede gulstensbygning er opført af røde mursten. Men ellers er der en del ligheder mellem de to store, offentlige

byggerier. Hospitalets bygninger har sadeltage belagt med røde tagsten, og tagene har samme hældning som universitetets, 33°. Vinduerne er placeret som vandrette bånd, og det var oprindeligt spinkle stålvinduer som ved universitetet. I sin hoveddisposition adskiller hospitalet sig dog fra genboen, idet bygningerne er arrangeret i et symmetrisk anlæg omkring en akse med retning parallelt med Nørrebrogade. Anlæggets symmetri skyldes angiveligt rationelle hensyn til hospitalets funktion, f.eks. ligelig fordeling af afstande mellem senge- og operationsstuer, men den afspejler også en formalisme, som universitetsbygningerne netop ikke har. Noget afgørende nyt ved princippet i de gule bygninger omkring morænekløften var, at de frit kunne følge terrænets bevægelser. Bruddet med symmetriens formalisme er et af de største paradigmeskift i både bygnings- og mentalhistorien, som for alvor blev afprøvet teoretisk og praktisk gennem funktionalismen i tiåret omkring 1930. Dette historiske skred kan man se demonstreret i mål 1:1, i Århus, i bygningerne på hver sin side af Nørrebrogade, tegnet af de samme arkitekter, og i henholdsvis røde og gule mursten.

Netop i denne brydningstid havde Århus stadsarkitekten Frederik M. Draiby, der sad i embedet 1919-43, og som selv tegnede bygninger i den nye ånd. Hans mest helstøbte værk i den henseende er Svømmehallen i »Spanien«, der blev opført 1932-33 af Århus Kommune. Husets funktion var at tilbyde århusianerne det allernyeste inden for personlig hygiejne, og såvel husets

Formgivningen og opførelsen af Århus Amtssygehus
fandt altså sted parallelt med de samme processer
ved Aarhus Universitets første bygning,
men man fornemmer tydeligt generationsforskellen
mellem arkitekterne bag de to værker.

konstruktioner i jernbeton som de tekniske installationer var avancerede. Det var husets arkitektur også som udtryk for en moderat funktionalisme, der virkede mindre provokerende end den gule universitetsbygning nord for byen. Efter at bygningen blev fredet 1989, gennemgik den en omfattende og omhyggelig restaurering, så den stadig tjener sit oprindelige formål inden for de bevarede arkitektoniske rammer fra 1933. Med Frederik Draiby som stadsarkitekt har universitetets arkitekter haft et kongenialt, kommunalt medspil.

Året efter fik Århus endnu et stort, kommunalt byggeri med arkitektonisk pondus. Konkurrencen om Folkebiblioteket i Mølleparken – det nuværende kommunale hovedbibliotek – blev afholdt 1930 og vundet af et forslag fra arkitekterne Alfred Mogensen og H. Salling Mortensen. Forslaget blev uden væsentlige ændringer realiseret 1934 som et byggeri med en fast symmetri både i planen og i facaden mod parken, hvor et stort indgangsparti af glas markerer den klassiske akse. Dermed står bygningen med mere end det ene ben i nyklassicismen og det andet lidt tøvende sat i funktionalismens rene former. Alfred Mogensen blev i 1943 Frederik Draibys efterfølger som stadsarkitekt, og han fortsatte traditionen med dette embede som en projekterende og ikke kun administrerende instans. I sin tid som selvstændig arkitekt i 1930'erne tegnede Mogensen boligbyggerier som »Strandparken« (1935) og rækkehusene på Marselis Boulevard (1938), der begge er klare og vellykkede eksempler på den nye funktionalisme i dansk oversættelse.

Efter en konkurrence blev Århus Amtssygehus opført 1932-35 på et areal tæt ved den store ringgade, som da var undervejs omkring byen. Konkurrencens vinder var den lokale arkitekt Axel Høeg-Hansen, der på dette tidspunkt havde stået for mange byggerier i byen, og som i øvrigt var læremester for C.F. Møller. Formgivningen og opførelsen af Århus Amtssygehus fandt altså sted parallelt med de samme processer ved Aarhus Universitets første bygning, men man fornemmer tydeligt generationsforskellen mellem arkitekterne bag de to værker. Dispositionen af sygehusets planer og facader er symmetrisk omkring en akse gennem hovedindgangen og behandlingsfløjen. Derved får den ca. 200 meter lange patientbygning, der har et svagt knæk for enderne, et tydeligt stempel af den nyklassicisme, som Høeg-Hansen havde bekendt sig til allerede 1920 med hovedbygningen ved Århus Idrætspark (Stadion). Men der er også moderne træk i sygehusets arkitektur, f.eks. de flade tage, store glaspartier og afrundede murhjørner. Opdelingen af det røde murværk med vandrette bånd af gule sten, der var et yndet motiv i datiden, har rødder langt tilbage, og blandingen af stiltræk placerer Amtssygehuset på overgangen mellem tradition og fornyelse, hvor arkitekten har kunnet give det store bygværk en varm og human atmosfære.

Foretagsomheden i 1930'ernes Århus var ikke kun kommunal. I 1936 kunne århusianerne igen spærre øjnene op over for et uhyre moderne bygværk opført på kystskrænten mellem byen og Riis Skov af en privat bygherre.

Moderbyen havde udført endnu en af sine kraft-
præstationer, mens både hungersnød og bolignød
var reelle problemer.

bestræbelse på at holde et højt arkitektonisk niveau i byens offentlige byggerier.

Ortopædisk Hospitals bygninger, der nu er indrettet til Det Teologiske Fakultet, hører også til rækken af byggerier, der tegnede det moderne Århus lige før krigen. Hospitalet blev indviet december 1940 og var tegnet af C.F. Møller i samarbejde med den københavnske arkitekt Harald Gad. »Samfundet og Hjemmet for Vanføre« var bygherre. Byggeriets forskellige afsnit er placeret frit efter hensynene til deres funktioner, og derved adskilte det sig fra de andre hospitalsbyggerier fra 1930'erne, Kommunehospitalets nye bygninger og Amtssygehuset, der begge indeholder en vis traditionel formalisme. Arkitekturen ved Ortopædisk Hospital er i det hele taget mere frigjort end ved forgængerne, endda med en drejning mod det romantiske og eksklusive, som fremgår af de lave valmtage og de store hjørnealtaner ved sengeafsnittet. C.F. Møller har da også antydet, at han ikke var helt tilfreds med de valmede tage.

På baggrund af den politiske og økonomiske usikkerhed, der herskede overalt i 1930'erne, er det imponerende, hvad der foregik i Århus. Arbejdsløsheden var alarmerende. For hele landet kulminerede den i januar 1933 med 43,5%, dvs. at næsten halvdelen af arbejdsstyrken gik ledig. Og ifølge samtidige kilder var Århus særlig hårdt ramt af krisen. Der var eksempler på, at folk faldt om på gaden af sult og udmattelse. Den ordinære understøttelse

til de arbejdsløse var ca. 40% af normallønnen, og dens varighed var kort. Derefter måtte man gå til den kommunale »hjælpekasse«, hvis midler var til konstant debat i byrådet. Sidste led i hjælpen var den offentlige bespisning, der blev arrangeret af både kommunen og godgørende institutioner, men den foregik kun i de hårdeste vintermåneder. I Århus fik omkring 1.000 personer dagligt deres føde på den måde i vinteren 1932-33. Allersidste mulighed var tiggeriet, og det var udbredt.

Oven i den ulykkelige arbejdssituation var der gennem 1920'erne opstået en alvorlig bolignød. Omkring 1930 var der i Århus ca. 1500 egentligt husvilde personer, som nødtørftigt fik tag over hovedet i skolernes gymnastiksale, i militærets kaserner eller i de kommunale husvildebarakker. To af disse barakbebyggelser lå tæt ved grunden, som kommunen havde skænket til Aarhus Universitet, »Havelyst« umiddelbart vest for Fødselsanstalten og »Nørrevang« hvor Ortopædisk Hospital senere blev bygget. De to barakbyer var i brug indtil slutningen af 1930'erne, mens en tredje ved Langelandsgade blev nedlagt midt i årtiet.

Men ud over de registrerede husvilde var der i denne periode et stort og ukendt antal mennesker, som boede i såkaldte »lysthuse« i de mange kolonihaveområder, som byens udkanter var opfyldt af. Området ved universitetet bestod således for det meste af kolonihaver, der gav mere eller mindre permanent husly for mange mennesker. Presset på den billigste del af boligmar-

43

44 kedet skyldtes dels en voldsom indvandring fra landområderne, hvor bolig- og arbejdsforholdene var endnu værre end i byerne, dels at de arbejdsløse ikke havde råd til en ordentlig bolig. Situationen blev lidt bedre efter socialreformen, der trådte i kraft 1. oktober 1933 som følge af Staunings navnkundige »Kanslergadeforlig«, men overgangen fra det gamle almissesystem til den nye socialforsorg var ikke let, og det tog lang tid, før det nye system virkede efter hensigten.

Periodens store offentlige arbejder i Århus var for det meste besluttet, før krisen satte ind for alvor, men de har uden tvivl bevirket, at byen slap mere helskindet gennem krisen, end den ellers havde kunnet. Initiativerne til og beslutningerne om Aarhus Universitet lå også forud for det kriseramte årti, men da universitetets første bygning stod færdig i september 1933, havde den dog givet arbejde til en del mennesker, og den har været et tegn på, at noget nyt var i gære. Bygningens arkitektur var den første provokation i byen fra den nye stil, der undgik traditionens overfladiske ornamenter, og så var bygningen beviset på, at Århus nu var en universitetsby. Moderbyen havde udført endnu en af sine kraftpræstationer, mens både hungersnød og bolignød var reelle problemer. Universitetets nye bygning stod tilsyneladende i akademisk isolation på bakken oven for byen, men den var omgivet af problemfyldte afkroge.

THE MOTHER TOWN | Historically, the building of towns has always been very important for the colonization of new land.

In the Mediterranean region the ancient Greeks, the Etruscans and the Romans headed a wide-ranging colonization of new land, often inspired by an existing mother town.

In some ways there are parallels between the building of the University of Aarhus outside of the mother town of Aarhus and colony towns in general. The area where the new university town had to grow was in many ways a land to be conquered, and in some sense even a hostile area. So, the founding fathers of the University also had this factor of uncertainty in common with the colonizers of history.

The drive to colonize has usually been brought about by a crisis in the mother town or by a surplus of population and resources. Aarhus did indeed have this combination. The 1930s are described as a 'decade of crises'. At a time when Europe was trying to recuperate from the damage of the First World War, the crash of the New York Stock Exchange in 1929 cast long shadows over the world's economy. Denmark kept a close eye on developments in Germany, where the democratic Weimar Republic was replaced by the Nazi despotic regime in February 1933. Yet, despite all this, great plans were still possible in Aarhus in the spring of 1931.

The idea was originally expressed as 'the establishing of a university in Jutland', and in 1919 a governmental committee was formed to further this goal. The Aarhus members of this committee wanted the university to be in their town, so in 1921 the University and City Liaison Committee was founded to promote the cause of Aarhus. There were several members of the City Council in this committee, headed by Mayor Jakob Jensen. The other members were businessmen, while the Chairman was Holger Strandgaard, chief surgeon at the Aarhus Municipal Hospital. The plans for the University of Aarhus were thus fostered by the business community of Aarhus, local politicians, and academic institutions such as the Municipal Hospital and the State Maternity Home of Aarhus. After a great deal of effort and lobbying by the liaison committee, the governmental committee recommended Aarhus as the best location in 1925.

In mid-February 1931 a parliamentary committee visited Aarhus to view the town that had advocated so strongly for a university. The majority of committee members accepted Aarhus as the winner, and thereby the way was clear for a quick series of events to occur. The University and City Liaison Committee received 20 acres of land on Randers Landevej from the Municipality of Aarhus and *The Act of Recognition and Financial Support for University Education in Aarhus* was passed in Parliament in late March. The City Council was thereafter in a position to present a programme for an 'Architectural Competition for a University in Aarhus', dated 2nd May 1931. Out of 22 competing projects the winners were announced on the 8th September. The four architects with the winning proposal, C.F. Møller, Kay Fisker, Povl Stegmann and the landscape architect, C.Th. Sørensen, together with the engineers A.C. Niepoort and H. Wied, must have been extremely busy, because less than one year later – on 30th August 1932 – the foundation stone was laid for the first University building. The inauguration of this building took place on 11th September 1933, and the city celebrated with a gigantic festival, the like of which has never been seen since in Aarhus. His Majesty, King Christian X, formally dedicated the building, but it was obvious from a remark the King made to C.F. Møller that he was not exactly enchanted by this new style of architecture! It was indeed an extraordinary day for Aarhus.

The establishing of a traffic infrastructure in Aarhus contributed immensely to the town's progress in the 1930s. It was also around this time that signs of new directions in architecture and lifestyle began to emerge. These new signals came from the south, especially from the German Bauhaus School and from individual architects such as Le Corbusier. With the simplicity of its architecture, Aarhus University's first building also caused a great deal of amazement and shock, so Aarhus was something of an 'early bird' with avant-garde architecture.

With a City Architect like Frederik M. Draiby, the University's architects had a congenial municipal partner. As City Architect from 1919-1943, Frederik Draiby also designed buildings in the new style, for example, the swimming hall that was erected in the period 1932-33 by the Municipality of Aarhus and was declared a protected building in 1989.

Aarhus could boast a great number of new building projects in the 1930s, both municipal and private, some adopting the neo-classicism style, some clinging to clean-cut functionalism: the Municipal Library, the Aarhus County Hospital, the residential building 'Klintegaarden', the Town Hall, and the Orthopaedic Hospital. During this decade of political unrest and economic depression, Aarhus witnessed no less than thirteen architectural competitions, seven of which were initiated by the Municipality of Aarhus. One of the most controversial projects was the Town Hall, which was completed in 1942. Here the winning architects were Arne Jacobsen and Erik Møller, but for quite a long period after its erection the aesthetical values of the building were still being discussed. Sentiments changed over the years, and the Town Hall began to be hailed for its modern architecture. It was declared a protected building in 1995.

In view of the political and economic uncertainty of the 1930s, the amount of building activity that was taking place in Aarhus was indeed impressive. Throughout the country the unemployment rate was alarming, topping in 1933 with 43.5%, and it is said that Aarhus was hit particularly hard. Together with this unfortunate situation there was an acute shortage of hous-

ing – something that had already begun in the 1920s. Around the 1930s there were 1,500 people without a home and these people had to be housed in school gyms or special huts for the homeless. Two of these hutments – 'Havelyst' and 'Nørrevang' – were near the area that the Municipality had presented to the University, and these hutments were in use until the end of the 1930s.

Although the initiatives and decisions relating to the University of Aarhus were taken prior to the 'decade of crises', when the first building was finished in September 1933 it had given employment to a great many people and was first and foremost a sign of a new wind blowing. Aarhus had become a University Town!

Om stedets ånd – om geologien og topografien i par-
kerne ved Aarhus Universitet – om vandløbet gennem
parkerne – om stedets kultivering i vikingetid og
middelalder – om anlægget »Vennelyst« og garnisons-
byen Århus – om stedet som byens baggård og som
interimistisk boligområde.

GENIUS LOCI | I beskrivelser af arkitektur kan man støde på udtrykket
genius loci, der er latin for »stedets ånd«.Udtrykket dækker i denne sammen-
hæng et begreb, der omfatter bådet stedets natur og de kulturelle spor på
stedet. Geologi, topografi, byggeri og begivenheder danner tilsammen ind-
holdet af »stedets ånd«. I forbindelse med arkitektur blev udtrykket *genius loci*
første gang anvendt i en artikel fra 1968 skrevet af den norske arkitekturteo-
retiker Christian Norberg-Schulz.

Stedet, hvor Aarhus Universitet nu ligger, indeholder både ved sin natur-
lige beskaffenhed og sin kultivering et righoldigt materiale til skabelsen af en
stedets ånd. Geologisk set er stedet en del af en såkaldt moræneø, dvs. en
landskabsform, der er dannet af smeltende gletsjere i istiden. Østjylland var
den sidste del af Jylland, der gradvist blev isfrit for 10-15.000 år siden. Største-
delen af den nuværende nordlige Århus by ligger på en moræneø, der er
omgivet af tunneldale, hvor brede floder af smeltevand i sin tid fossede af

sted. Mod nord afgrænses øen af Egådalen, mod syd af Århus Ådalen, og de
to dale er forbundet af dalstrøget vest om Århus, hvor jernbanen forløber.
Også efter at istidens gletsjere havde trukket sig tilbage mod øst, fortsatte
erosionen i landskabet. I denne sammenhæng er det især et lille vandløb med
udspring ved Katrinebjerg, som er interessant, fordi det gnavede sig mod syd
igennem morænelagene og dannede en slugt på sin vej mod udløbet i Århus
Bugt.

Slugten med vandløbet er den organisk slyngede akse i bygningsanlæg-
get ved Aarhus Universitet. Det er en arkitektonisk disposition, der således er
solidt forankret i istiden – et forhold, som universitetets arkitekter var yderst
bevidste om. Ordet »morænekløft« er anvendt flere gange i C.F. Møllers bog
fra 1978 om universitetsbygningerne og -parken. Vandløbet er ikke nogen
rivende strøm. Det flyder smalt og stilfærdigt, nu om dage i kultiverede ram-
mer, der har ladet vandet brede sig i et par søer. Vandløbet er lagt i rør under
Nordre Ringgade og universitetets Hovedbygning, men fornuftigvis kommer
det igen til syne på Hovedbygningens sydside i en lille, organisk formet tegl-
brønd under Aulaen. Derfra er vandløbet igen lagt i rør under Victor Albecks
Vej, inden det kan flyde frit ned gennem slugten. Oprindeligt havde vand-
løbet navnet »Borrebækken«, men i 1800-tallet overførtes dette navn til et
vandløb, der løb nord om Århus parallelt med Nørregade, og som ellers hav-
de heddet »Renden«.

52

I mange århundreder henlå stedet på bakken nord for Århus Ådal som en ødemark, der i nogle perioder var bevokset med skov. Indtil langt op i middelalderen var Østjylland ligesom resten af Danmark næsten dækket af store skove. Der har været menneskelig beboelse i Århus Ådal i ældre stenalder, et bronzesværd fundet på Reginehøjs mark og flere sløjfede høje nord for ådalen vidner om aktiviteter i bronzealderen, men ikke før i 900-tallet, i vikingetiden, begyndte ved åens udløb i Århusbugten en egentlig bydannelse, som havde navnet Aros. Dermed fik bakken nord for byen en funktion som råstoflager til den lille vikingeby, der var omgivet af palisader og volde. Stedets kultivering var begyndt. Tømmeret til byens huse, skibe og forsvarsværker kan være hentet på bakken, hvor skoven bredte sig ligesom omkring byen i øvrigt. Ved middelalderens slutning var der gjort dygtigt indhug i landets skove. Resens prospekt af Århus fra 1675 viser en anselig by med åhavn, kirker, klostre og syv porte, mens bakkerne nord for byen er helt uden bevoksning.

Det eneste, der rager op i det øde landskab, er galgen, som helt efter hensigten har haft en høj og synlig placering. Deraf navnet »Galgebakken«, som stadig hæfter til den vestlige del af Universitetsparken. På en tegning udført af H.H. Eegberg 1746 er den runde Galgebakke, galgen og to stejler til udstilling af de henrettedes lig – eller dele deraf – ligefrem den dystre forgrund for billedet af den lave by, Århus, hvorover Domkirken tårner sig som det altdominerende bygværk og symbol. Ifølge tegningen var galgen place-

ret et sted mellem nuværende Nørrebrogade og Høegh-Guldbergs Gade, men på Resens kort fra 1675 står den længere mod vest i nærheden af den nuværende Ny Munkegade. Det stemmer med, at den gade der udgik fra Munke Port, af Resen benævnes som Bøddelgade. Senere fik den også navnene Jordbrogade, Galgebakken og Munkebakken. Galgens præcise placering kendes ikke, men den har nok stået omtrent, hvor Kaserneboulevarden møder Ny Munkegade eller lidt længere mod vest i villakvarteret. Universitetsområdet mellem Langelandsgade og moræneslugten er en del af den gamle Galgebakke, mens hele området nord for Århus endnu først i 1800-tallet havde betegnelsen »de nordre tofter«.

I middelalderen og nogle århundreder derefter var galgen og dens tilbehør det ultimative led i retsmaskineriet. Men bøddelen og hans hjælpere, rakkerne, blev anset som »urene«, og almindelige mennesker kunne ikke omgås dem uden også at blive urene. Derfor måtte bøddel og rakkere bo uden for byfællesskabet – i Bøddelgade uden for Munke Port og dermed uden for byens beskyttende grænse, hvor også gamle stednavne som Bøddelhaven og Rakkertoften er nævnt i skriftlige kilder. I mange århundreder har Århus således vendt ryggen til bakken nord for byen, både reelt og symbolsk, fordi området med galgen var urent. Også længe efter at selve galgen forsvandt i slutningen af 1700-tallet, kan man forestille sig, at det urene og uhyggelige hæftede ved stedet. De forskellige funktioner, som stedet fik indtil den endelige i

1930'erne, synes at bekræfte den antagelse. Det var funktioner, som på den ene eller anden måde ikke var velsete i byfællesskabet. Stedet var byens baggård.

Reverenter talt blev dele af stedet i lange tider anvendt som mødding. De såkaldte »folddumper« var en del af forten eller bymarken, hvor man samlede kvæget til vanding og malkning. Folddumperne lå uden for Studsgades Port og omfattede det terræn, der senere blev til Vennelystparken. På grund af den føromtalte bæk var området temmelig sumpet, hvilket sammen med kreaturernes efterladenskaber gjorde folddumperne til »en hæslig stinkende møddingpøl«, som det er beskrevet i lokalhistorien. Heri karakteriseres området længere oppe ad bakken som »et øde landskab, gennemfuret af grusgrave«. Noget lignende har været situationen i området nord for Munke Port og Vester Port, hvor der på et kort over Århus i første halvdel af 1800-tallet er angivet et vandløb med navnet »Skidden Sig«. Ordet »sig« er en forkortelse af »sigge«, som på ældre dansk betød et langsomt rindende vandløb. Det skidne kom sikkert fra kreaturerne, der her ligesom ved folddumperne gjorde et større område til en regulær mødding, hvor det langsomme vand sørgede for at holde liv i lugt og fluer. Kort sagt har de laveste dele af bakkerne nærmest byens nordlige grænse været et uhumsk område – en stinkende barriere mellem byen og dens barske rettersted – og stedets uhygge blev understreget af de øde grusgrave.

En reel kultivering af områdets sydøstlige del begyndte 1824, da oberst Julius Høegh-Guldberg (1779-1861) lejede folddumperne af Århus Kommune for 25 år. Betingelsen var bl.a., »at arealet ved lejemålets udløb skulle afleveres med i det mindste 3.000 træer i frodig vækst.« Høegh-Guldberg, der var en entusiastisk havemand, overholdt betingelsen. Folddumperne blev til et nydeligt beplantet anlæg, som han selv gav navnet »Vennelyst«. I dette navn ligger, at anlægget skulle være til gavn for almenvellet, ligesom mange andre af Høegh-Guldbergs initiativer i Århus, for han var en karakteristisk repræsentant for rationalismen i årtierne omkring år 1800 og dens ivrige undervisning af almuen i praktiske gøremål. Et par af disse initiativer sætter Høegh-Guldberg i forbindelse med Aarhus Universitet og byggerierne i Universitetsparken. Det ene var oprettelsen i 1821 af Aarhus Stiftsbibliotek, hvis bogsamling indgik i Statsbiblioteket, da det blev oprettet i Århus 1902, og som fik sin nuværende bygning ved universitetet i 1963. Det andet var, at han i 1828 stod bag oprettelsen af »Prins Ferdinands Tegneskole«, som blev til Teknisk Skole i Århus, hvis bygning i Nørre Allé var de lejede rammer om byens første universitetsundervisning i 1928.

Høegh-Guldbergs Vennelyst med de 3.000 træer blev hurtigt et yndet forlystelsesanlæg for århusianerne. I 1858 fik anlægget pavillonen »Sommerlyst« med restauration og udeservering foruden en cirkulær blomsterplæne, hvorom ungdommen promenerede. Adskillige pavilloner i anlægget ned-

brændte, men de blev altid genopbygget. En pavillon fra 1897 var tegnet af arkitekten Thorvald Jørgensen, der senere fik ansvaret for Christiansborg Slot, men hans fantasifulde pavillon i orientalsk stil var bygget af træ og nedbrændte 1908.

Et fotografi fra 1910 viser en rigt udsmykket, hvid pavillon i palæstil med serveringsområdet udenfor flankeret af to vældige elefantskulpturer. De var overtaget fra Landsudstillingen, der året forinden havde sat byen på den anden ende. Anlægget var i lange tider basis for talrige folkefester, dyrskuer og kongresser foruden den årlige Vennelystrevy, der var et fast begreb i både byens og landets underholdning frem til 1940'erne.

De spontane og noget ukontrollable lystigheder, som også hørte til stedet, var et problem for Århus byråd, der lagde flere planer for en mere seriøs anvendelse af området. I 1880'erne tænkte man på at placere amtssygehuset i området, der som nævnt tidligere også var på tale som ramme om Landsudstillingen i 1909. Endelig var der i 1919 forslag i byrådet om, at det planlagte folkebibliotek kunne anbringes i parken. Det blev alt sammen ikke til noget, men i 1923 udskrev man en konkurrence om et musikhus, der dog endte som en teaterbygning opført 1926. Den stod i parken indtil natten mellem den 11. og 12. januar 1945, da den blev fuldstændig ødelagt ved en eksplosionsbrand iværksat af Schalburgkorpset. Efter at Vennelystparken i mere end et århundrede havde været århusianernes mere eller mindre løsslupne forlystelsessted, besluttede byrådet i 1954 at overlade området til byggerier med tilknytning til Aarhus Universitet.

Langt op i 1800-tallet gennemgik selve Galgebakken stadig en kultivering med funktioner, der ikke var passende inden for byens grænser eller som var direkte farlige for omgivelserne. Det sidste gælder et krudttårn, der er angivet på et kort over Århus fra omkring år 1800, tegnet af en fændrik Küker. Tårnet stod på østsiden af den nuværende Ny Munkegade og blev revet ned i 1885. De militære traditioner på Galgebakken rækker således langt tilbage. Omkring 1820 blev der udlagt et areal lidt længere ude ad den sti, der blev til Ny Munkegade. Planen var, at arealet skulle beplantes som bypark, men i virkeligheden blev det brugt som eksercerplads for borgervæbningen og som markedsplads. Senere fik det anvendelse som oplagsplads for selvdøde kreaturer og endelig som møddingplads. Som sådan er arealet angivet på et kort over Århus fra 1879. Lige ved siden af møddingpladsen er på det samme kort vist et større areal med betegnelsen »fattighaver«. Nærheden til møddingpladsen var muligvis praktisk for havebruget, men forholdet viser, at »de nordre tofter« dengang stadig var byens baggård, hvor også fattigdommen og dens forskellige udtryk kunne holdes på afstand af byen.

De fattiges overlevelse var i århundreder afhængig af privat velgørenhed. Først med »fattigreformen« fra 1803, hvorefter landets købstæder blev pålagt at opkræve en skat til »fattigkassen«, kom samfundet til at bære en beskeden

Luftfoto fra 1934 af universitetets første bygning. Øverst til højre i billedet ses barakbyen »Nørrevang«, øverst til venstre nogle koloni-haver, midt for til højre de daværende fire professorboliger og nederst til højre en del af Aarhus Savværks bygninger.

beskæftigede sig med universitetet, indkvarteret i en af professorboligerne, efter at boligen var fraflyttet, og inden den blev revet ned.

Traditionen for at anvende Galgebakken som byens baggård blev endnu engang holdt i hævd, da Epidemihuset blev opført 1875 syd for fattighaver-ne, og hvor Samsøgades Skole nu ligger. Huset var bl.a. i brug 1892 ved en truende koleraepidemi i Århus men blev afviklet, da Marselisborg Hospital overtog funktionen fra 1913. Men selvom baggårdstraditionen stadig var levende i slutningen af 1800-tallet, begyndte stedet dog også i den periode at blive brugt til mere muntre aktiviteter.

På de åbne arealer var der god plads til, at unge mennesker kunne spille kricket, og i 1893 anlagde Aarhus Bicycle Club en primitiv cindersbane til cykelløb på et areal, som man lånte af militæret. Men datidens bicyclister, der virkelig var pionerer på området, fik i 1894 etableret en mere permanent cykelbane på Vejlby Fed – og den var endda Nordens største af sin art den-gang. AGF (Aarhus Gymnastik Forening), der var stiftet 1880, afholdt også i de første par årtier foreningens fodboldtræning bl.a. på Galgebakkens ekser-cerplads. På kortet over området fra 1931 er et større område nord for ekser-cerpladsen angivet som »legeplads«, og på en af de i alt fem bebyggelsespla-ner, som vinderforslaget i konkurrencen om Aarhus Universitet fra samme år bestod af, er hele den vestlige del af den nuværende Universitetspark angivet som fodbold- og tennisbaner.

Ved overgangen fra 1800- til 1900-tallet var der tegn på, at området øst for Galgebakken skulle udvikles til et erhvervsområde. I året 1900 flyttede Aarhus Damp-, Save- og Høvleværk sin virksomhed op på bakken ved Niels Ebbesensvej (den nuværende Nørrebrogade), hvor den havde god plads omkring sig. Flytningen skete, efter at værkets bygninger i Mejlgade var øde-lagt ved en brand i 1899, den samme brand som ødelagde komplekset Mejl-borg. Da Aarhus Savværk A/S, som det senere kom til at hedde, igen blev hærget af ildebrand i begyndelsen 1960'erne, kunne universitetet få opfyldt et længe næret ønske om at overtage værkets store areal, hvor nu bl.a. Bar-tholinbygningen ligger. Omkring århundredskiftet var der dog stadig stærke militære interesser i området. I den nordlige del af Vennelystparken opførte man således 1901 en bolig til den kommanderende general ved 2. general-kommando, som i en længere periode havde haft sæde i Århus. Den præsen-table generalsbolig, der var tegnet af arkitekt Sophus Kühnel, blev 1916 over-taget af Fødselsanstalten og blev endeligt fjernet i forbindelse med anstaltens ombygning og indretning som Victor Albeck-Bygningen i år 2000.

Omkring forrige århundredskifte blev området også påvirket af Århus Kommunehospital, hvis første bygning var opført 1893 på østsiden af Nør-rebrogade – efter tegninger af jernbanearkitekten Thomas Arboe. I passende nærhed af hospitalet, men på den modsatte side af Nørrebrogade, opførte staten i 1910 en bygning for »Fødselsanstalten i Jylland«. Den blev tegnet af

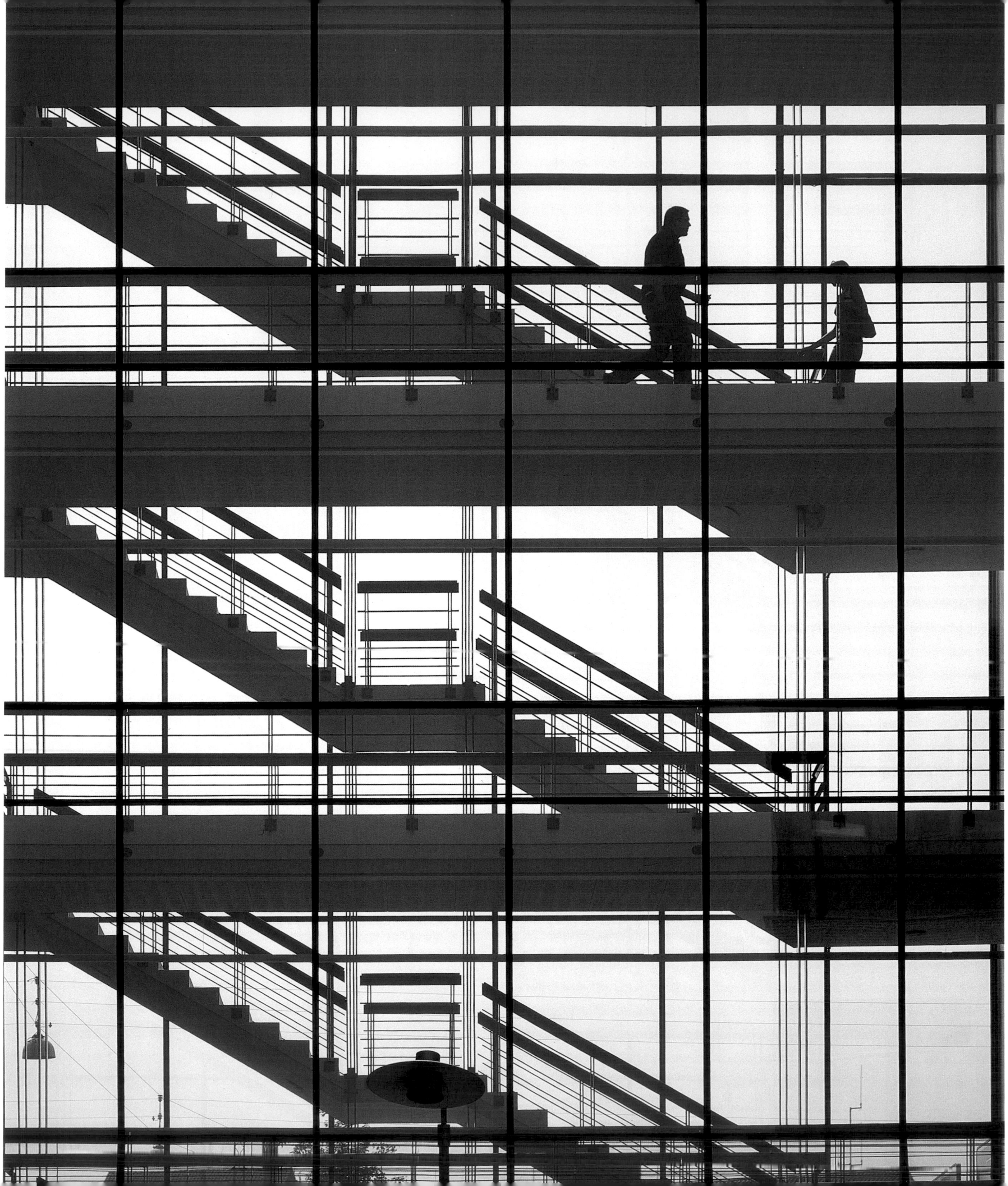

GENIUS LOCI | In the world of architecture, the expression *genius loci* was first used in 1968 by Christian Norberg-Schulz, a Norwegian theorist of architecture. The expression means 'the spirit of the place', but in an architectural context it means not only the nature and culture of the place, but also the geology, topography, buildings and events that, together, contribute to the creation of this spirit.

The landscape where the University of Aarhus is now situated was formed during the latest Ice Age, some 10-15,000 years ago, and is part of a so-called 'moraine island'. The small stream emerging from Katrinebjerg is particularly interesting in this context because it provided an architecturally fascinating detail in the planning of the University. C.F.Møller and the other architects were very much aware of this morainic gully, and it was often referred to in Møller's 1978 book about the University.

For centuries the hills situated to the north of the Aarhus Stream Valley constituted a wasteland where forestation occurred in some periods. Well into medieval times, eastern Jutland was almost entirely covered in forest, as was the rest of the country also. From the early Stone Age people have occupied Aarhus Stream Valley and relics from the Bronze Age have been found that provide evidence of human activity on this spot for thousands of years. However, the earliest settlement in the form of a town or village can first be traced to the 900's, at the time of the Vikings. The settlement was called Aros, which

means the mouth of the stream. It could be that the forested hills provided the raw material for housing, shipbuilding etc., because by the end of the Middle Ages most of the forest had gone.

In a prospectus from 1675 the gallows are shown as a significant and very visible landmark on one of the hills, and as late as 1746 in a drawing of Aarhus lying at the bottom of the hills, with the Cathedral as the most conspicuous building, the gallows and two instruments of torture – wheels – are shown prominently in the foreground. Then, during the 1800s the grounds were actually used as the dunghill of the town. Allotments for poor people were also located near the town dunghill, being a way to hide poverty and keep it away from the town. So, it seems that in many ways Aarhus – right up to the 1930s – really did turn its back on the hills.

The first cultivation of the area took place in 1824. These improvements were initiated by Colonel Julius Høeg-Guldberg, who took out a lease on the land and planted a new park which he named Vennelyst: something for the common good. The new park eventually developed into an amusement park, which was in existence until the 1940s. Other parts of this area were used for activities that were either unsuitable or too dangerous to take place within the town walls.

Between 1870 and 1920 a new housing estate was erected in the area: *the Ø-gade kvarter,* which contributed to changing it from the 'poor backyard' of the town to an attractive working-class neigbourhood and then, later in the century, a very attractive place to live.

At the end of the 1800s two military barracks were built in the same area, and part of what is now University property was used as a training ground for the troops. Perhaps it was also considered desirable to keep the rough vocabulary of the drill sergeants at a distance from the citizens of Aarhus!

A war memorial called the 'Ryttersten', commemorating a cavalry skirmish on the site in 1849, was a well-known location for the people of Aarhus. There was a workmen's shed near the memorial which housed C.F. Møller's drawing office. Originally this shed was for the inspector who supervised the building of the Town Hall, so it had actually been designed by Arne Jakobsen and Erik Møller. This shed, which was proof of the legendary thriftiness of the chief architect, survived in all its simplicity as a drawing office until 1970.

In the first decades of the 1900s, the area where the University was later to be placed was also used as a *kolonihaver* complex, i.e. for allotments on which small shacks were built. These were often built with very simple materials and were used – albeit illegally – as permanent housing by people who did not have anything better. These small gardens and dwellings had, by necessity, to be removed when the construction of the University began. C.F. Møller himself was actually threatened by an old lady who, holding a rake, claimed she would kill him 'because he had destroyed their gardens and houses'.

After many centuries, the area that had been known as the 'backyard' of the town had a change of image. The old image was to be superseded by a new: the area became the pride of the town and the stronghold of *spirit*.

Om inspirationer til vinderforslaget i konkurrencen om Aarhus Universitet – om konkurrencens lokale og faglige dommere – om det arkitektoniske klima i 1930'ernes Danmark – og om funktionalismens revolutioner i arkitektur, kultur og politik.

KONKURRENCEN | Det var et spørgsmål om stil. I sommeren 1931, da der blev tegnet og tænkt på bygningerne til Aarhus Universitet, befandt både arkitekter og verden i øvrigt sig i vadestedet mellem gammelt og nyt. »Den nye stil«, der opstod i Mellemeuropa gennem 1920'erne, indeholdt bl.a. det paradoks, at den angiveligt ikke var nogen stil. I en bog om Bauhaus-skolen i Tyskland, der var et af stilens vigtigste arnesteder, beskrives det som skolens – og især arkitekten Walter Gropius' – væsentligste bedrift, at den afskaffede stilbegrebet som et akademisk og romantisk levn fra 1800-tallet. Ikke desto mindre blev Gropius i samtiden kritiseret for at tegne huse, der var formalistiske udtryk for en stil og ikke neutrale udtryk for en funktion.

Den komplekse nye strømning fik også mange navne som funktionalisme, modernisme, international stil, modern movement, de stijl, l'esprit nouveau – og funkis, der blev slangordet for strømningens mere overfladiske, modeprægede frembringelser. Bauhaus begyndte 1918 i Weimar, men måtte på grund af byens fjendtlighed mod skolens politiske venstreorientering flytte til Dessau i 1925. Her havde den sin mest frugtbare periode, og her opførtes de mest berømte Bauhaus-bygninger især med Walter Gropius som arkitekt. Skolen virkede i Dessau indtil 1930, i de sidste par år med kollegaen, Hannes Meyer som leder. Endelig stod arkitekten Mies van der Rohe i spidsen for Bauhaus, der til sidst var indrettet interimistisk i Berlin, indtil den i 1933 blev lukket af nationalsocialisterne.

Bauhaus-skolens skæbne gennem de 15 år 1918-33 var karakteristisk for hele overgangen fra gammelt til nyt, hvor det nye i denne sammenhæng kaldes ved det navn, der blev almindeligt i Danmark, funktionalismen. Skolen begyndte som en protest mod forbenede traditioner i kunsten som helhed. Den blomstrede med et overskud af ungdommelig vitalitet og nytænkning, der tiltrak de bedste kræfter fra hele verden, og med resultater, der skabte revolution i arkitektur og formgivning. Da skolen blev forbudt i Tyskland, flygtede flere af dens lærere til bl.a. USA og Sovjetunionen, hvor idéerne fik nye facetter, der virkede tilbage til Europa.

Det var en voldsom gæringsproces, der var i gang, måske den mest revolutionerende og frugtbare i hele arkitekturhistorien, og mange andre end folkene ved Bauhaus var med i processen. Ikke mindst den schweizisk-franske arkitekt, Charles-Edouard Channeret, der blev kendt under kunstnernavnet le Corbusier, fik kolossal betydning i hele den internationale arkitektur. Gennem sine visionære skrifter og sine artistiske bygværker blev han den mest feterede

gesandt for det nye. Men hos ham var der heller ikke tvivl om, at det nye havde en stil.

»Lav det nu så bauhausagtigt som muligt.« Sådan sagde Kay Fisker til kollegaen C.F. Møller, mens de tegnede på konkurrencen til Aarhus Universitet i sommeren 1931. C.F. Møller citerede udtalelsen ved en forelæsning 1987 på Arkitektskolen i Århus. Der skulle være stil over det nye universitet – bauhausstil. Det kom der også, i hvert fald over det vindende forslag til konkurrencen, der viste huse med glatte, lyse facader og lave sadeltage beklædt med kobber. Den første bygning, der stod færdig i 1933, viser noget helt andet. Dens facader af gule mursten og halvhøje sadeltage med gule tagsten var et resultat af de lokale omstændigheder. Men bygningen har absolut en stil, som er mere dansk end tysk, selvom inspirationen kom sydfra, og universitetets bygninger blev senere udråbt som eksponent for det specielt danske begreb, »den funktionelle tradition«. I sommeren 1931 har det været vanskeligt ikke at tænke i stilarter. Gennem mange århundreder forud havde arkitekturen stort set ikke drejet sig om andet end stilarter, som til sidst blev til ren manér. Mens Bauhaus kæmpede mod traditionerne i 1920'erne, var Danmark behersket af nyklassicismen, der var en renæssance af C.F. Hansens byggerier fra begyndelsen af 1800-tallet, som igen var en renæssance af den romerske oldtids bygninger. Sådan fungerede stilarkitekturen. I den situation har det ikke været nemt at forestille sig en arkitektur uden stil, den rene funktionelle form,

som dele af avantgarden hævdede var en mulighed. Eftertiden har da også vist, at denne del af det moderne projekt var en utopi, ligesom store dele af projektets politiske, sociale og tekniske indhold. Men utopierne i sig selv er så sejlivede, at de stadig, 70-80 år efter at de blev undfanget, er den væsentligste reference for nutidens arkitektur og formgivning. Bauhaus-folkene og de andre pionerer havde åbenbart fat i sagens kerne.

Der er en direkte forbindelse mellem Bauhaus og bygningerne ved Aarhus Universitet. Konkurrencen om de første bygninger blev udskrevet den 2. maj 1931, og i juni foretog arkitekterne Kay Fisker, C.F. Møller, Povl Baumann og S.C. Larsen en studierejse til Tyskland. Den foregik absolut med stil. De kørte iført støvhjælme i Fiskers åbne Buick og må fuldt ud have levet op til datidens avantgarde i bourgeoisiet, der dyrkede maskinernes og især automobilets stålromantik. Støvhjælmene var Fiskers idé. Ud over deres praktiske formål ville han have, at de fire herrer ikke så alt for forskellige ud, når de skulle møde fremtrædende tyske kolleger. At Povl Baumann var med på denne rejse, er interessant, fordi han et par måneder senere var dommer i konkurrencen om Aarhus Universitet. Og at Povl Stegmann, der var med på vinderholdet, ikke deltog i rejsen, hænger nok sammen med, at han allerede i maj foretog en rejse i Tyskland for at studere universiteter. Den fjerde rejsedeltager, S.C. Larsen (1886-1973), arbejdede sammen med Fisker om bl.a. hans store boligbebyggelser i København.

angiver C.F. Møller Schlegels forslag som en væsentlig årsag til universitetets endelige placering – frem for strandarealet, hvor Landsudstillingen havde været. De tre bud på et universitet i Århus fra 1900-tallets begyndelse var under alle omstændigheder stærkt bundet til traditionerne, til det monumentale og til stilarkitekturen. Så meget mere kan man sige, at afgørelsen i konkurrencen den 7. september 1931 var dristig.

På det lokalpolitiske plan i Århus var universitetssagen højt prioriteret i byråd og partiforeninger, mens sagen var i sin vorden gennem 1920'erne, men der var ikke altid fælles fodslag. Der var de traditionelt betingede uenigheder mellem højre- og venstrefløj, men der var også interne stridigheder i Socialdemokratiet, der ellers mønstrede de fleste fortalere for byens kommende universitet. Yngre partifæller som den senere borgmester Svend Unmack Larsen var f.eks. blandt modstanderne. En illustration af det lokalpolitiske klima dengang er tegnet af C.F. Møller i det førnævnte tv-interview 1973. Det konservative byrådsmedlem, landsretssagfører C. Holst-Knudsen, og den socialdemokratiske borgmester, murer Jakob Jensen, var ikke på talefod med hinanden. Derfor måtte arkitekt Møller fungere som rejsende gesandt mellem de to uforenelige parter i spørgsmål, der angik universitetet. Alligevel var de to lokalpolitikere begge kendt som helhjertede forkæmpere for selve universitetssagen. Vurderet efter byrådets indsats kunne det se ud, som om skabelsen af Aarhus Universitet overvejende var et socialdemokratisk projekt. I hvert fald

var de fleste byrådsmedlemmer, der beskrives som dynamoer i universitetssagen, socialdemokrater. Det var ud over borgmesteren Jakob Jensen, smeden H.P. Christensen, der i 1932 efterfulgte Jakob Jensen som borgmester, forretningsfører i Smedenes Fagforening Leonhard Hansen, som efter perioden i byrådet sad i Folketinget 1932-47, og Axel Sneum, der var medlem af byrådet 1921-24 og derefter folketingsmand indtil 1949. Mellem ham og C. Holst-Knudsen var der også et køligt forhold, bl.a. fordi Axel Sneum var kendt for på tinge at følge sine egne idéer, som ikke altid passende med de lokale planer for universitetet. Endelig kunne Holger Eriksen som redaktør af dagbladet *Demokraten* give en socialdemokratisk støtte til universitetssagen i det lokale mediebillede. Han var medlem af byrådet 1929-35 og sad to perioder i Folketinget frem til 1966. Den tilsyneladende socialdemokratiske overvægt i universitetssagen hang dog også sammen med, at partiet fra 1919 og helt frem til år 2000 havde flertal i byrådet.

Bredden i det lokalpolitiske spektrum kan illustreres ved baggrunden for de to yderpoler, der ikke kunne tale sammen, landsretssagføreren C. Holst-Knudsen og borgmesteren Jakob Jensen. Landsretssagføreren drev en betydelig advokatvirksomhed i Århus og var kendt som en blændende forhandler, der kunne være både venlig og barsk. Han sad i byrådet 1925-33 og boede i den store villa »Ydernæs« på Strandvejen, hvor han jævnligt og på egen bekostning modtog gæster og holdt repræsentative møder på universitetssa-

gens vegne. Jakob Jensen valgtes til byrådet allerede i år 1900 med en baggrund i Murernes Fagforening. Efter indførelsen af det borgerlige selvstyre 1919 blev han byens første folkevalgte borgmester og havde denne post, indtil den ved årsskiftet 1932-33 blev overtaget af H.P. Christensen. Fra 1894 var Jakob Jensen forretningsfører for Arbejdernes Produktionsforening, som han drev frem til en omfattende virksomhed med bl.a. eget bryggeri, bageri og kulimport, og han havde i en periode sin bolig på 1. sal i foreningens ejendom, Studsgade 20. Jakob Jensen var kendt som en noget knarvorn og stædig person, men hans store indsats for universitetssagen byggede på en blanding af lokalpatriotisme og idéen om, at alle der er egnet dertil, uanset økonomisk baggrund, skal have adgang til en højere uddannelse. En stærk kraft i universitetssagen men uden for byrådet var overlæge ved Fødselsanstalten, Victor Albeck, der ifølge flere kilder havde afgørende indflydelse på både valget af areal for universitetet og på, at der overhovedet blev udskrevet en arkitektkonkurrence.

Sammensætningen af den komité, der traf den endelige afgørelse om udformningen af Aarhus Universitets bygninger, dvs. dommerne i arkitektkonkurrencen, tegner et yderligere facetteret billede. Byrådet var repræsenteret af borgmester Jakob Jensen, smed H.P. Christensen, og landsretssagfører C. Holst-Knudsen. Dommerne for Universitets-Samvirket var dr.med. overlæge Victor Albeck (Ridder af Dannebrog), rektor ved Katedralskolen L. Chri-

stiansen og dr.phil. professor H.M. Hansen (Ridder af Dannebrog). Akademisk Arkitektforening havde udpeget arkitekt Povl Baumann (Ridder af Dannebrog) og arkitekt Vilhelm Lauritzen, mens Dansk Arkitektforening sendte arkitekt Heinrich Hansen. Endelig var Undervisningsministeriet repræsenteret ved departementschef Fr. Graae (Kommandør af Dannebrog, Dannebrogsmand p.p. – og blandt universitetets forkæmpere kaldt »Hans Stormægtighed«). Dommernes forskellige udmærkelser fra ordenskapitlet fremgik tydeligt af konkurrencens program. Det var noget, man lagde vægt på dengang.

Som det ofte sker ved afgørelsen af arkitektkonkurrencer, har fagdommernes, dvs. arkitekternes ord, sikkert vejet tungt. Povl Baumann (1868-1963) huskes især for sine projekter til mange store boligbyggerier i København opført i mellemkrigstiden. Det var både karré- og stokbebyggelser, der viser Baumann som formidler af overgangen mellem nyklassicisme og modernisme. I dette felt skabte han boliger, der var nyskabende men altid med en sikker arkitektonisk kvalitet og en stor omhu for håndværket. Vilhelm Lauritzen (1894-1984) var modernismens arkitekt par excellence. Især to byggerier fra hans hånd er gået over i historien som højdepunkter i dansk modernisme: Lufthavnsterminalen i Kastrup fra 1939 og Radiohuset i København fra 1941, der begge er fredet. Heinrich Hansen (1860-1942) har ikke efterladt så tydelige spor i arkitekturhistorien som sine to meddommere. Han var bygningsinspektør i Københavns Kommune 1907-30, men forestod også enkelte ny- og

Om aftenen den 7. september 1931,
da dommerne udpegede vinderforslaget i enighed –
»... ja, endog uden at gaa til Afstemning ...« –
som det stod i Aarhuus Stiftstidende dagen efter,
var det magiske øjeblik.

ombygninger. I Weilbachs Kunstnerleksikon (3. udgave 1952) får han denne karakteristik: »Heinrich Hansens Bygninger er typiske for Tiden, men hæver sig i kunstnerisk Henseende som Helhed næppe over Gennemsnittet.« I denne sammenhæng er det måske væsentligt, at han i 1928 var arkitekt for ombygningen af Social-Demokratens hus i Nørre Farimagsgade i København, hvilket tyder på, at han havde gode forbindelser til partiet, der med Thorvald Stauning i spidsen regerede Danmark i perioden 1929-42. De tre fagdommere repræsenterede med andre ord de væsentligste aspekter i datidens arkitektur. Baumann stod for den kontinuerlige kvalitet, Lauritzen for modernismens fornyelser og Hansen for det politiske hensyn.

Den samlede dommerkomité var på flere måder en broget skare. Derfor er det egentlig overraskende, at den i enighed kunne og turde vælge et så kontroversielt forslag som »Jyde« – det var vinderforslagets motto – og det oven i købet i løbet af kun ét døgns votering. Forslaget var jo præget af venstreorienterede signaler fra Tyskland, hvis man ellers kendte hele baggrunden, der er beskrevet foran. Det gjorde man nok ikke, bl.a. fordi den endelige skæbne for Bauhaus endnu ikke var kendt. Arkitekturen i forslagets bygninger sendte sine moderne signaler men i en moderat og rationel udgave. Ifølge dommernes betænkning var det ikke mindst vinderforslagets behandling af landskabet, der gjorde udslaget: »Projektet udnytter Terrænet på en Maade, der tager Hensyn til dets landskabelige Formation, og uden Udgifter til Jord-

arbejder lader dets Skønhed komme til sin fulde Ret.« Men også forslagets omfattende analyse af opgaven gjorde indtryk. Forslagets 38 plancher fyldte godt op i salen på Læssøesgades Skole, hvor bedømmelsen foregik, og alene ved sit omfang adskilte det sig fra de øvrige 21 forslag.

Kl. 11 1/2 om aftenen den 7. september 1931, da dommerne udpegede vinderforslaget i enighed – »... ja, endog uden at gaa til Afstemning ...« – som det stod i *Aarhuus Stiftstidende* dagen efter, var det magiske øjeblik. Da vendte historien for Århus by, der nu helt konkret var en universitetsby. Da så det lysere ud for universitetsarealet, stedet der havde gået så gruelig meget igennem. Da kunne »Universitetsundervisningen i Jylland«, som institutionen endnu hed, se frem til sine egne bygninger, og som de første i byen indvarslede disse bygninger oven i købet helt nye tider i former og livsstil.

Det arkitektoniske klima i Århus og Europa omkring 1931 er løst skitseret foran, men skal man have et indtryk af de tilsvarende forhold i Danmark, kan man blade i tidsskriftet *Arkitekten* årgang 1931. Ved årsskiftet 1926-27 var redaktøren Kay Fisker blevet afløst af kollegaen Steen Eiler Rasmussen (1898-1990), der straks iværksatte en modernisering af tidsskriftet, så det herefter udkom i et eksklusivt, tematisk månedshæfte og i et lettere og aktuelt ugehæfte. Grafisk var ændringen også udtryk for et brud med den strenge, nyklassicistiske grafik, som Fisker havde håndhævet. Men ikke før 1929 foretog man det symbolsk alvorlige skridt at ændre navnet *Architekten* til det moderne

Arkitekten. Medredaktør i denne periode var Willy Hansen (1899-1979), der også havde stået bi i Fiskers redaktørtid, og som havde udpræget sans for typografi og grafik. Af Willy Hansens bidrag i *Arkitekten* fremgår, at han var en begejstret tilhænger af den moderne strømning. Steen Eiler Rasmussen markerede sig allerede 1919 som vinder af byplankonkurrencer, og han fik i en ung alder talrige faglige tillidshverv og udmærkelser. Arkitekturhistorien og det nye fag, byplanlægning, var hans hovedtemaer ved Kunstakademiets Arkitektskole, hvor han var professor 1938-68. I sine ret få bygværker holdt han sig på traditionel grund men med en vis åbenhed over for nye løsninger. Han huskes især for sin universelle indsigt i faget og sin brede pædagogiske indsats. Hans bøger, hans forelæsninger på Akademiet og hans foredrag i radio og tv om arkitektur var folkelige tilløbsstykker. Gennem 1900-tallets sidste halvdel var han dansk arkitekturs nestor. Med de to redaktører i 1931 havde *Arkitekten* antennerne ude mod både fortid, nutid og fremtid. Et par udpluk fra denne årgang viser hvordan.

Månedshæftets nr. 1 indledes med en stor nekrolog over P.V. Jensen Klint (1853-1930), Grundtvigskirkens bygmester og læremester for et par generationer af arkitekter. I nr. 2 følger en artikel af Poul Henningsen (PH) om det nye fænomen i boligbyggeriet, rækkehuset, og dets ihærdige forkæmper Thorkild Henningsen (der ikke var i familie med Poul), som var død 1930. Trods mange års indsats fra d'herrer Henningsen var rækkehuset stadig i 1931 en bolig-

form, som man rynkede på næsen af i pænere kredse. Særlig interessant i denne bogs sammenhæng er en stor artikel i nr. 6 om et »Forslag til et Kvarter for naturvidenskabelige Institutioner paa Nørre Fælled«, altså en delvis udflytning af Københavns Universitet fra Den Indre By. Der er forslag til et nyt zoologisk museum tegnet af Vilhelm Lauritzen, idéer til et medicinsk-historisk museum, til et storakvarium og til et medicinsk-naturvidenskabeligt bibliotek, hvortil der vistes et eksempel på »Et moderne amerikansk Bibliotek med Bogtaarn«. Planerne for Nørre Fælled blev ikke gennemført efter forslaget, men idéen om et bogtårn blev mange år senere realiseret ved Statsbiblioteket i Århus.

Hele månedsskriftets nr. 10 – der udkom i oktober 1931, dvs. efter offentliggørelsen af konkurrencen om Aarhus Universitet – er helliget »Hannes Meyer og Skolen i Bernau«, der er nærmere omtalt foran. Steen Eiler Rasmussen skriver en begejstret anmeldelse af byggeriet, der munder ud i følgende: »Den [skolen] frembyder ingen effektfulde Motiver for Fotografen, men virker fuldstændig overbevisende på den besøgende, ganske særligt paa Baggrund af anden moderne tysk Arkitektur, der, al foregiven Saglighed og Funktionalisme til trods, ofte er overordentlig formalistisk og stereotyp.« Præsentationen af skolen suppleres af Edvard Heiberg, der – fuld af beundring – gennemgår byggeriets organisation og byggeteknik. I årgangens ugehæfte nr. 2 finder man vinderforslaget til konkurrencen om Århus Amtssygehus, der med teg-

I dette klima af barske, politiske vinde udefra og hjemlig
turbulens i det lidt forskræmte og bornerte Danmark
blev konkurrencen om Aarhus Universitet afviklet.
Overraskende nok var resultatet en accept
af de moderne tider.

ninger og en omfattende tekst præsenteres af vinderen, Axel Høeg-Hansen.
Forslaget var uden større ændringer grundlag for byggeriet, der stod færdigt i
1935. Nr. 12 domineres af en artikel om den svenske arkitekt Gunnar Asplund, skrevet af Steen Eiler Rasmussen. Anledningen var, at Asplund besøgte
København for bl.a. at forelæse om »Stockholmudstillingen 1930«, som han
var arkitekt for, og som var ouverturen til funktionalismen i Norden.

Både nr. 19 og 20 fyldes udelukkende af konkurrencen om Århus Kommunehospital. Vinderforslaget, der har Kay Fisker og C.F. Møller som arkitekter, gennemgås detaljeret med tegninger og tekst. Om forslagets ydre skriver
dommerne: »Der er smukke Momenter i Facaderne, med Undtagelse af Administrationsbygningen, hvis Opbygning virker ukonstruktiv og synes sket på
Bekostning af en naturlig Udformning af Planen.« Forslaget blev da også ændret en del, inden de første bygninger var opført 1935. Også nr. 24 handler
om et Århus-projekt, nemlig konkurrencen om Folkebiblioteket, hvor forslaget fra Alfred Mogensen og H. Salling Mortensen fik 1. præmien. Den førnævnte byggeudstilling Berlin 1931 får en udførlig omtale i nr. 30, skrevet af
Willy Hansen, der er åben for de moderne signaler men skeptisk ved de viste
tekniske løsninger. Ole Wanscher anmelder i nr. 31 den svenske bog *Acceptera,* der bl.a. havde den føromtalte Gunnar Asplund som forfatter. Bogen var
en uddybning af budskaberne i Stockholmudstillingen året før og et forsvar
mod de ofte hadefulde angreb, som budskaberne fremkaldte.

Konkurrencen om Aarhus Universitet bliver gennemgået i nr. 48 og 49.
Vinderforslaget omtales som »et meget omfattende Arbejde, bestaaende af
en Mængde Forundersøgelser, resulterende i en Række alternative Forslag.«
Dog vises kun ét af alternativerne, hvor Ringgaden er flyttet mod nord, så
moræneslugten kunne afsluttes med en ret monumental formation af kollegier, mens institutterne er placeret langs Niels Ebbesensvej. Kun den første bygning, Instituttet for Fysik, Kemi og Anatomi er vist med sin nuværende placering. Konkurrencen havde to dele, en for dispositionsplanen og en for den
første bygning. Vinderne fik 1. præmien for begge dele. Ligeledes gik begge
2. præmier til H.J. Kampmann (søn af Hack Kampmann) og Aage Rafn, mens
3. præmien for den første bygning gik til H. Chr. Hansen og Viggo S. Jørgensen, og 3. præmien for dispositionen til Edvard Thomsen og Fritz Schlegel.

Det var ikke *Arkitekten's* skyld, at funktionalismen sivede langsomt ind i
Danmark. De to redaktører i 1931 præsenterede det nye med nøgtern saglighed og ofte med begejstring. Desuden er det påfaldende, hvor meget af det
nye, der blev til i Århus. Men funktionalismen var ikke kun et spørgsmål om
byplanlægning, arkitektur og møbler. Den var et bredt kulturoprør, som viste
sig i musik, skønlitteratur, politik, i omgangsformer og i den løbende debat,
der handlede om gamle, borgerlige normer over for en ny, ofte venstreorienteret frigjorthed. Det var f.eks. i 1931, at digteren Aksel Sandemose flygtede
til Norge, hvor han nedskrev »Janteloven« med datidens provinsielt småbor-

On the local political level, Social Democrats were in the majority in the Aarhus City Council, but there was broad political support for the establishment of a university. Two political opposites in Aarhus at the time were Mayor Jakob Jensen, with a background in the Bricklayers Union, and the solicitor C. Holst-Knudsen, a Conservative. The two politicians were unable to communicate with each other, but both were strong advocates for the university. In this regard C.F. Møller turned out to be an admirable go-between, providing pendulum diplomacy to the benefit of the university plans.

A committee of judges was appointed to make the final decision on the architectural competition. This committee was composed of people from local politics, the sciences, the educational sector, and the central administration, while the architects Poul Baumann, Vilhelm Lauritzen and Heinrich Hansen provided expert knowledge. The committee was a richly faceted group, so it came as a surprise when the members actually reached a unanimous decision within 24 hours. In the statement from the committee it was written: 'The project exploits the terrain in such a way that consideration is given to the formation of the landscape and, without the expense of earthworks, allows its natural beauty to be emphasized to the fullest extent'. Also the thorough analysis that had been carried out on the project made a great impression.

At 11.30 p.m. on the 7th September 1931 Aarhus became a University Town – a magic moment. At that time the committee, without having to take a vote, named the winning proposal.

The October 1931 issue of the periodical *Arkitekten* – i.e. after the result of the University competition had been made public – was entirely devoted to 'Hannes Meyer and the School in Bernau'. The two editors, Steen Eiler Rasmussen and Willy Hansen had enthusiastically presented the new architecture with objective matter-of-factness.

Although functionalism came into Denmark at a very slow pace, it is amazing to what extent the *new* found its way into Aarhus. However, functionalism was not only a question of architecture, furniture and town planning. It was a widespread cultural uprising that involved music, literature, politics, social conventions, and – in the public debate – the discussion about old bourgeois norms contra new leftish liberty. At a time of political unrest and emerging Nazism, the bold decision that the committee of judges had taken was indeed a great contrast to daily life in a timid and narrow-minded Denmark.

5

Om Kay Fisker, C.F. Møller, Povl Stegmann, C.Th. Søren-
sen og deres roller ved udformningen af Aarhus Univer-
sitet – om Fisker som æstetikeren – om Møller som prag-
matikeren – om Stegmann som lokal ankermand og
systematiker – om Sørensen som poetisk funktionalist –
om striden mellem Møller og Fisker – og om skiftende
samarbejder mellem de fire.

FIRKLØVERET | Det var fire meget forskellige personligheder, der hav-
de fundet sammen for at tegne vinderforslaget til konkurrencen om Aarhus
Universitet i sommeren 1931. Deres baggrund og opvækst havde ikke mange
ligheder, men i deres professionelle uddannelse mødte de stort set de samme
lærerkræfter enten som lærlinge på datidens kendte tegnestuer eller som stu-
derende på Kunstakademiets Architektskole. Branchen var ret overskuelig
dengang. Firkløveret havde et fælles fagligt ståsted, som de dog tolkede for-
skelligt ud fra deres personlige forudsætninger. Fællesgodset var, at de i ung-
dommen havde oplevet tiden før 1. verdenskrig, da arkitekturen i Danmark
handlede om nationalromantik og skønvirke, og at de alle fire på en eller an-
den måde havde reageret mod stivnede traditioner i deres fag. De tre arkitek-
ter, Stegmann, Fisker og Møller, havde alle bidraget til, at nyklassicismen blev
den enerådende stil i 1920'erne efter mere end et halvt århundrede med

blanding af alle historiens stilarter. Det gjorde de bl.a. i »Foreningen af 3. De-
cember 1892«, der egentlig havde som formål at bevare ældre, dansk arkitek-
tur ved opmålinger, men foreningen var også forum for adskillige oprør i arki-
tektverdenen. Stegmann og Fisker deltog ivrigt i foreningens liv, men også
den yngre Møller bidrog med nogle opmålinger. Foreningen eksisterede ind-
til 1930, da funktionalismen gjorde op med nyklassicismen, det sidste store
opgør der havde foreningen som et af sine arnesteder.

Landskabsarkitekt Sørensen havde en anden tilgang til stoffet. Som ung,
ambitiøs gartner kom han i forbindelse med datidens førende havearkitekter,
E. Erstad-Jørgensen og G.N. Brandt og her mødte han den samme person-
kreds, som arkitekterne færdedes i. Ud over de tre nævnte arkitekter omfatte-
de denne funktionalismens fortrop i Danmark bl.a. Povl Baumann, Edvard
Heiberg, Steen Eiler Rasmussen og Fritz Schlegel, altså folk der på en eller
anden måde havde eller fik forbindelse til konkurrencen om universitetsbyg-
geriet i Århus. Sørensen havde tidligt markeret sig som en progressiv tilhæn-
ger af det moderne, og han havde demonstreret sine synspunkter i både op-
gaver og skrifter. Han var gruppens naturlige fjerdemand med ansvar for den
behandling af landskabet omkring universitetet, der skulle vise sig ganske af-
gørende for gruppens 1. præmie. På tidspunktet for konkurrencen var Steg-
mann 43 år, Fisker og Sørensen var begge 38 år, og Møller var 33 år. De fire
vinderarkitekter var alle erfarne folk i faget med flere byggeopgaver bag sig,

men væsentligt i forhold til konkurrencen var, at de befandt sig i stormens øje ved det store omslag i klimaet for arkitektur og havekunst. I situationen og i kombinationen af personer var der noget lykkeligt, der fortjener betegnelsen firkløver, men i den forstand varede lykken ikke ved.

Ordet »Jyde«, der var motto for det vindende forslag nr. 16 i »Konkurrence om et Universitet i Aarhus«, var nok valgt af taktiske grunde, men det havde også bund i virkeligheden. Diskussionen om et universitet i Jylland havde stået på i årtier forud, så institutionens identitet var på dette tidspunkt i høj grad knyttet til den jyske provins. At den lokale tilknytning desuden var væsentlig for Århus bys opfattelse af byggeriet fremgår af, at C.F. Møller, efter ønske fra borgmester Jakob Jensen, måtte flytte til Århus for at tage vare på både Kommunehospitalet og universitetet. Så vidt det taktiske. Tre af de fire arkitekter bag vinderforslaget var faktisk født eller opvokset i Jylland. Kun Kay Fisker (1893-1965) var født på Frederiksberg og forblev københavner. C.Th. Sørensen (1893-1979) var født med danske forældre i Altona ved Hamborg. Han havde sin opvækst forskellige steder i Jylland men havde sit voksne liv i København. C.F. Møller (1898-1988) blev født og voksede op i Skanderborg, mens Povl Stegmann (1888-1944) var århusianer og blev i byen indtil 1937. Således havde arkitekterne stort set stamtavlen i orden, selvom de på tidspunktet for konkurrencen overvejende boede i København. Ingeniørerne A. Chr. Niepoort og H. Wied, der medvirkede ved vinderforslaget, var desuden

etablerede i Århus. Niepoort havde bl.a. været ingeniør ved det tidligere omtalte forslag til et fysisk-kemisk institut, som Povl Stegmann udarbejdede for Universitets-Samvirket i 1926. De to ingeniører sluttede sig senere i 1930'erne sammen til firmaet Niepoort & Wied.

Omkring 1930 var Kay Fisker allerede en central figur i dansk arkitektur. I sin lange studietid på Kunstakademiets Architektskole 1909-20 var han samtidig ansat på flere tegnestuer, i Stockholm hos Sigurd Lewerentz og Gunnar Asplund og i København hos Hack Kampmann, Povl Baumann og Anton Rosen. På den sidstnævnte arbejdsplads mødte han bl.a. kollegerne Axel Høeg-Hansen og Povl Stegmann foruden Aage Rafn, som han i 1915 vandt en konkurrence sammen med om Gudhjem-banens stationsbygninger på Bornholm. 1921-27 var Fisker redaktør af tidsskriftet *Architekten,* som han i nyklassicismens ånd reformerede til »det smukkeste og mest smagfuldt udstyrede af vore Kunstblade«, som det hed i en portrætartikel om Fisker i bladet *Kliken* fra 1923. Dertil havde han både i sin studietid og i 1920'erne stået bag en række betydelige boligbyggerier, hvoraf »Hornbækhus« på Nørrebro i København fra 1922 stadig gælder som et monumentalt hovedværk i nyklassicismen. Den såkaldte »kilometerstil«, et navn der var inspireret af de uendelige gentagelser af vindue-pille-nedløbsrør hen over de umådeligt lange facader på Hornbækhus, var en yndlingsaversion for tidsskriftet *Kritisk Revy.* Med sine veludviklede diplomatiske evner tog Fisker let på kritikken og erklærede sig endda et godt

Ordet »Jyde«, der var motto for det vindende forslag
nr. 16 i »Konkurrence om et Universitet i Aarhus«,
var nok valgt af taktiske grunde,
men det havde også bund i virkeligheden.

kunst«, som Einar Dyggve, der var med i gruppen, har udtrykt det. Og kanonen blev såmænd kun gruppens symbol, fordi et af medlemmerne, der netop var hjemsendt fra tjeneste i artilleriet, havde tegnet en kanon som mærke på en akademiopgave. Kanonens enkle, funktionsbestemte form passede til gruppens program. Gruppen, der talte en halv snes medlemmer, heriblandt også Kay Fisker og Aage Rafn, holdt sine kætterske møder i Frederiks Hospital, det nuværende Kunstindustrimuseum i Bredgade.

Kort efter sin afgang fra Akademiet fik Stegmann ansættelse i et ingeniørfirma, der skulle opbygge en ny by ved Rødbyhavn – et vidtløftigt foretagende, der kuldsejlede i 1921. Samme år begyndte han en større rejseaktivitet, først i Tyskland og Italien og afsluttende med en gaverejse med ØK-båd til Malakka og Siam. Kay Fisker og Steen Eiler Rasmussen fik en tilsvarende storslået gave fra ØK i henholdsvis 1922 og 1923. Arkitekternes dannelsesrejser drejede sig langsomt fra den traditionelle sydlige retning mod øst. Fra 1922 slog Stegmann sig ned i Århus som lærer ved Bygmesterskolen og med egen tegnestue. Han fik ikke mange opgaver, selvom han fagligt markerede sig flot ved at vinde to store konkurrencer i byen. Den ene i 1923 drejede sig om et musikhus i Vennelystparken, men her gik byggeopgaven af uklare årsager til stadsarkitekten. Den anden i 1929 om byens nye folkebibliotek vandt Stegmann i første omgang, men senere skiftede dommerne mening. Hans forslag viste en tung, strengt symmetrisk bygning med en regulær tempel-

front som indgangsparti. Det var rendyrket nyklassicisme, hvis delvise præmiering viser, at heller ikke dommerne var helt klar over, hvilket ben de skulle stå på. Det mærkelige ved disse to forslag er, at de trods arkitektens åbenbare interesse for det moderne holdt sig strengt til nyklassicismen.

Stegmann var ikke forretningsmand, og han interesserede sig ikke for de politiske manøvrer bag realiseringen af en opgave. Han beskrives som et beskedent, venligt og udpræget musisk menneske med vidtspændende interesser og en omfattende viden. I hans skriftlige arbejder, artikler, breve, dagbøger og digte er det karakteristisk, at teksterne jævnligt afbrydes af tankestreger. Også når han talte, berettes det, at han ofte holdt pauser for at finde den rette formulering. I universitetssagen leverede han det grundige forarbejde, de dybtgående analyser, og ved projekteringen deltog han især ved udformningen af professorboligerne, der med deres dristige hjørnevinduer blev lidt for »bauhausagtige« efter C.F. Møllers mening.

Med Stegmanns karakter og baggrund var det naturligt, at han i 1937 forlod firkløveret for at blive forstander ved Teknisk Skole i Aalborg. Her kunne han nok udfolde flere facetter af sin rige personlighed, der også nærede en åbenlys afsky for nazismen. Den blev årsag til hans død. Han blev skudt foran sit hjem af et medlem af den danske Peter-gruppe, der hjalp besættelsesmagten. Det skete den 30. november 1944 – en måned efter englændernes luftangreb på Gestapos hovedkvarter i kollegierne ved Aarhus Universitet.

Den akademiske baggrund, som de tre arkitekter havde fået på Kunstakademiets Architektskole, havde C. Th. Sørensen ikke. Mens de andres ophav var embedsstanden i byerne, kom han af småkårsfolk på landet i Jylland. Derfor fik han en praktisk uddannelse som gartner, og det var venlige mennesker med blik for hans evner, der bragte ham til København, hvor han naturligt gled ind i kredsen af personer med fingeren på tidens puls. I Sørensens ungdom eksisterede der ingen uddannelse for have- eller landskabsarkitekter. Han stod i mesterlære hos E. Erstad-Jørgensen og G.N. Brandt, og skabte samtidigt sin egen virksomhed i 1922. Han var god til at tegne og til at skrive. Det var evner, der gav ham opgaver og gjorde ham kendt i bredere kredse, selvom hans artikler kunne være provokerende moderne. Hans mentor og læremester, G.N. Brandt, underviste i havekunst ved Kunstakademiet, men et lektorat i faget blev først oprettet for ham i 1924. Brandt beklædte stillingen indtil 1940, hvorefter Sørensen overtog den, og han blev fagets første professor i perioden 1954-63.

For en autodidakt var det en usædvanlig løbebane, som han også selv har sammenlignet med H.C. Andersens. Ligesom Fisker og Stegmann dyrkede et klubliv, kom også Sørensen ind i en snævrere kreds, der delte hans progressive anskuelser, den såkaldte »syklub«, hvor bl.a. Povl Baumann, Kay Fisker og Steen Eiler Rasmussen banede en vej for funktionalismen. I firkløveret bag Aarhus Universitet var autodidakten Sørensen interessant nok den mest skrivende. Han fik udgivet godt en halv snes faglitterære bøger, hvoraf flere er klassikere, f.eks. *Parkpolitik i Sogn og Købstad* fra 1931 og *39 haveplaner. Typiske haver til et typehus* fra 1963, og listen over hans artikler i fagtidsskrifter er meget lang. Det var dog også Sørensens produktion af have- og parkanlæg, der gennem 1920'erne gjorde ham til en fremtrædende og moderne indstillet skikkelse i branchen. Netop i 1931 arbejdede han med haveanlægget ved boligbebyggelsen Ryparken i Emdrup. Bygherren var sagfører Rasmus Nielsen, der et par år senere stiftede Foreningen Socialt Boligbyggeri, og arkitekten var Povl Baumann.

Det var en af de første såkaldte stokbebyggelser, hvor husene er placeret stramt og ensrettet efter solen. Det var nyt og helt efter bogen om funktionalismen. Bebyggelsen var også eksklusiv og tiltrækkende for datidens kulturradikale, der dyrkede den nye frigjorthed. I Hans Scherfigs roman *Idealister,* der foregår i København sidst i 1930'erne, skal Ryparken være model for den satirisk omtalte bebyggelse, »Sexualparken«. Sørensen var også havearkitekt ved boligbebyggelsen »Blidah« i Hellerup fra 1934, der er et af de mest vellykkede eksempler på funktionalismens boliger. Husene blev tegnet af det nydannede Kooperative Arkitekter, hvor bl.a. Edvard Heiberg var med. Endelig var Sørensen også med i Fisker & Møllers vinderforslag til konkurrencen om Aarhus Kommunehospital i 1930. Der var således ingen tvivl om, at havearkitekt Sørensen havde det rette moderne sindelag, da han kom ind i firkløveret.

101

Det er påfaldende, hvor overskuelig den danske arkitektverden har været omkring 1931. Der var 10-15 betydende personer, som kendte hinanden godt, de holdt næsten alle til i København, og de samarbejdede på kryds og tværs med hinanden. Medlemmerne af det her omtalte firkløver var en god illustration af forholdene. Parvis eller i trio indgik de flere samarbejder både før og efter konkurrencen om Aarhus Universitet. Fisker og Stegmann deltog f.eks. i konkurrencen om Banegårdspladsen i Århus 1920 og fik et indkøb, dvs. at deres forslag blev købt af konkurrencens udskriver. I Fiskers bebyggelse Hornbækhus fra samme år var Sørensen havearkitekt, og de var igen sammen om et eksklusivt villabyggeri i Gentofte 1933. Stegmann foretog sammen med havearkitekten G.N. Brandt i 1924 en landskabelig vurdering af universitetsarealet i Århus, og på den tid var Sørensen ansat hos Brandt, hvor han givetvis har hørt om de århusianske planer.

Fisker og Møller begyndte som tidligere nævnt i 1921 det samarbejde, der blev til et kompagniskab, og som i 1930 vandt konkurrencen om Århus Kommunehospital. I alle disse konstellationer var Fisker bindeleddet, for han var i en lang periode en førende skikkelse i arkitekternes danske verden, men de her nævnte samarbejder var kortvarige. Heller ikke firkløveret med den store fælles opgave i Århus kunne holde sammen. Efter 1943 var der kun Møller og Sørensen tilbage. Deres samarbejde og venskab varede til gengæld, indtil Sørensen døde i 1979.

At Aarhus Universitet var C.F. Møllers livsopgave, er der mange vidnesbyrd om. Men også for C.Th. Sørensen var dette byggeri noget særligt – »… det, jeg mindes med størst glæde,« har han sagt. Ud over universitetet viste deres mest frugtbare samarbejde sig i Birk ved Herning. Den navnkundige skjortefabrikant Aage Damgaard tilkaldte i 1956 Sørensen som havearkitekt ved sin »Sorte Fabrik« i Herning by, hvor han bl.a. fik lejlighed til at realisere noget af sin subtile formation af høje hække, »De geometriske haver«. Da Damgaards Angli-fabrik i 1963 skulle flyttes til større forhold i Birk, skitserede Sørensen en helt utraditionel, skævt cirkulær form til byggeriet. Damgaard var begejstret og ville opføre sin fabrik præcis som skitsen viste, men der skulle trods alt en arkitekt på sagen, og på Sørensens anbefaling blev det C.F. Møller. Angli-fabrikken blev, helt i overensstemmelse med Sørensens skitse, en højst usædvanlig bygning, konsekvent formet efter skjorternes gang gennem produktionen men også med tanke for indre og ydre rum. En slags poetisk funktionalisme.

Sørensen var besat af cirkler, og det har sat sit præg på bygninger og anlæg i det bybånd, som Birk har udviklet sig til. Samtidig med og ved siden af Angli-fabrikken anlagde den kunstglade fabrikant, efter Sørensens tegninger, den vældige skulpturpark, hvis cirkelform med dimensioner som et internationalt stadion næsten kun kan opleves fra luften. Også Carl-Henning Pedersen og Else Alfelts Museum fra 1976, der er tegnet af C.F. Møllers Tegne-

as an architect. From the late 1920s, however, some of his works began to show signs of modern influence, but when he became the associate of Kay Fisker around 1930, the influence of functionalism became quite obvious. The first work was the much discussed 'Lagkagehus' in Copenhagen, and then later the University of Aarhus, but which of the two architects was the most modern is difficult to say.

C.F. Møller conducted all the practical assignments associated with the University project. In 1937 Stegmann formally broke away from the group, while Fisker – formally-speaking – remained until 1943. In reality though Fisker's participation had stopped years before due to a great deal of friction between Møller and himself over changes in the original winning proposal. Fisker had wanted to keep strictly to the original proposal, while Møller was more pragmatic in his dealings with provincial Aarhus. However, it is also true to say that the initial, massive criticism of the first buildings had also taken its toll on their mutual cooperation.

After the announcement of the architectural competition in May 1931, Stegmann – who was the analytical force in the group – travelled to Germany with Engineer Niepoort to study universities, returning with much inspirational material. The winning proposal was illustrated with 38 plates, which made a tremendous impression on the committee of judges. During his studies Stegmann, together with some of his fellow students, made an early approach to what was to become the foundation of functionalism. He became an independent architect and educator in Aarhus in 1922 and although he won several competitions he never managed to attract the projects. He was not a businessman and he did not take part in the political activities preceding the implementation of any major project, but he was a person of many interests and in possession of great cultural knowledge. When he left the group in 1937 he became head of the Aalborg Technical College. His clear disgust for the Nazi regime in Germany was in fact the reason for his death. One month after the RAF bombing of the Gestapo headquarters at the University in 1944, Stegmann was liquidated by a member of the Danish Nazi gang, the 'Peter Group', who supported the occupation forces.

C.Th. Sørensen grew up in relative poverty in the countryside in Jutland and for that reason he had received a practical education as a gardener. He was extremely gifted, and some kind people with an eye for his skills arranged for him to move to Copenhagen, which led him to some rather influential people. At the time there was no formal education available for garden and landscape architecture, so he had to take another apprenticeship and even start a company of his own in 1922. He was very good as a draughtsman and writer, and those skills made him well known to a wider public, although his articles could sometimes be quite provocative and modernistic. From 1954 to 1963 Sørensen became the first professor in the art of gar-

dening. Being an autodidact, such a career was very unusual so Sørensen often compared his life with that of H.C. Andersen. Sørensen was very productive, issuing more that 10 books, several of which have become classics. Also his realized projects of gardens and parks through the 1920s added to his fame and image as an advanced actor in his profession, where he was an exponent of functionalism.

Whilst the group did not continue for very long as a foursome, Møller and Sørensen maintained a mutual cooperation right up to the time of Sørensen's death in 1979, and one example of this formidable cooperation is the Angli factory in Birk near Herning. Based on a sketch of Sørensen's, Møller was the architect of this unique building from 1963 that was entirely functionalistic in its design. The project in Birk meant a great deal to both Møller and Sørensen. 'The Master Builder', as Møller preferred to call himself, and 'The Old Gardener', which Sørensen was called, found a pioneering atmosphere out there on the heath that re-awakened their enthusiasm for the art of building and for the art of gardening, and gave them both the opportunity to express full artistic freedom. So, at least in the long-lasting cooperation between Møller and Sørensen it seems that something had survived of the original congeniality of the four architects behind the buildings of Aarhus University.

110 den til, at arkitekterne bag byggeriet langtfra kunne være sikre på opgaver for universitetet fremover. Når professorboligerne fra 1933-34, kollegierne fra 1935-36 og Institut for Fysiologi og Biokemi fra 1937 (også kaldet Fy & Bi) trods kritikken kunne gennemføres i samme karske formsprog som den første bygning, skyldtes det nok især, at det var billigt. Men det har også givet arkitekterne et moralsk rygstød, at universitetets bygninger fik megen ros fra kolleger i ind- og udland. Som så ofte før og siden var lægfolk og fagfolk ikke enige i udlægningen af arkitektur.

Arkitekten, professor Ivar Bentsen var tidligt ude med en vurdering allerede i *Politiken's* særnummer om Aarhus Universitet den 11. september 1933: »Aarhus Universitetets første Bygning er et karakteristisk Udtryk for noget værdifuldt i vor Tid. Det er en Værkstedsbygning, en nøgtern og klar Ramme om en Række Laboratorier og Avditorier. Med Strenghed og Knaphed uden noget Stilpræg er disse Bygningslegemer opbyggede over en Plan, der er lagt som et økonomisk Arbejdsprogram, økonomisk i Anlæg og Drift ... Det er en klar og økonomisk Plan – det er Planøkonomi.« Bentsens anmeldelse var en åbenlys faglig ros, men hans tilknytning til de venstreorienterede kredse omkring *Kritisk Revy* og »Kooperative Arkitekter« skinnede også igennem. I sin bog noterer C.F. Møller, at universitetets første bygninger fik rosende omtale af både »Sveriges store arkitekt, professor Gunnar Asplund og af Kunstakademiets professorer Ivar Bentsen og Steen Eiler Rasmussen.« Sidstnævnte ytrede sig ikke skriftligt om Aarhus Universitet gennem 1930'erne, men i hans bog, *Nordische Baukunst* fra 1940, er der et ganske kort stykke om byggeriet, der vises som eksempel på det traditionelle arbejde med »klumpen« i dansk arkitektur – altså intet om byggeriets modernitet. Den støtte, som Møller har fortalt, at han fik fra Rasmussen, synes kun at være overbragt mundtligt. Under alle omstændigheder har den faglige anerkendelse fra ind- og udland været en god modvægt til den almindelige danske skepsis.

En række udenlandske fagtidsskrifter skrev om Aarhus Universitets bygninger gennem 1930'erne og 1940'erne. Det var især tyske som *Bauwelt, Baukunst, Zentralblatt der Bauverwaltung,* men også det schweiziske *Das Werk,* det hollandske *Forum,* det finske *Suomen Kuvalethi,* det franske *L'architecture d'aujourd'hui,* samt de italienske *Domus* og *L'attitettura.* Nogle omtaler var blot refererende, men omtalen i sig selv kunne ses som en anerkendelse. I det italienske tidsskrift *Casabella* skrev Riccardo Rothschild i 1934: »Terrænets konturer er så vidt muligt fulgt for at udnytte alle dets egenskaber, og derved er arkitekturen blevet en kunstnerisk fremhævelse af områdets naturlige skønhed. Arkitekturen synes ikke at være tvunget ned på terrænet, men snarere at være groet op af det.« I 1991 beskrev *Casabella* igen Aarhus Universitet, og da ved en artikel af Poul Erik Skriver. I den ledsagende redaktionelle tekst, der antagelig er skrevet af redaktøren, Pierre-Alain Croset, betegnes byggeriet som »et enestående tilfælde af »long-term design« og »functionalism without epoch.«

Deutsche Bauzeitung fra februar 1941 bragte en udførlig anmeldelse, som indledes med: »Det nye universitetsområde i Århus er ubestrideligt en af de smukkeste bedrifter i nutidens danske bygningskunst …« (Einer der schönsten Leistungen dänischer Baukunst der Gegenwart ist unstreitig das neue Universitätsviertel in Aarhus …). Foruden af glimrende fotos er anmeldelsen illustreret med en plan over universitetsområdet, hvor den planlagte hovedbygning er angivet som en klassisk monumentalbygning med søjlefront. Planen, der er gengivet i Nils-Ole Lunds bog om C.F. Møller, er ifølge forfatteren tegnet af Møller for at tilfredsstille bygherren, dvs. Universitets-Samvirket, »… men han har næppe tænkt sig, at den skulle realiseres,« skriver Lund. Planen var i hvert fald et stilbrud, som dog synes at have tiltalt den tyske anmelder, Henniger. Anmeldelsen stod at læse ti måneder efter den tyske besættelse af Danmark.

Under planlægningen af byggeriet for Naturhistorisk Museum i 1938 var der en tilspidset situation. Museet er en selvejende institution, og rygterne om, at byggeriet skulle placeres i Universitetsparken, og at det skulle ligne universitetets bygninger, fremkaldte nye folkelige protester i form af læserbreve med udtryk som: »Hvad vil vore Efterkommere sige? Nej, det er på Tide, at der siges Stop for denne Rædsel …« Folkets røst bevægede viceborgmester J.C. Sørensen til at meddele C.F. Møller, at han ikke kunne forvente at blive arkitekt for museets bygning. Men Møller havde sine egne veje. Under hån-

den forhandlede han med borgmesteren, H.P. Christensen, byggeudvalget og den udpegede museumsinspektør, H.M. Thamdrup, så han alligevel fik opgaven. En del af udvalget ønskede dog stadig, at museets bygning skulle adskille sig fra universitetsbyggeriet. Derfor var det besluttet, at museet skulle tækkes med røde tagsten, der da også lå ved stilladset under rejsegildet. I den muntre stemning ved den lejlighed lykkedes det imidlertid Møller at overtale et flertal af udvalgets medlemmer til at gå ind for de gule tagsten. De var desuden bestilt på teglværket.

Bygningen for Naturhistorisk Museum kom nu alligevel til at skille sig ud af den arkitektoniske sammenhæng i parken, men man skal se godt efter for at opdage forskellen. Byggeudvalget ønskede, at der ikke skulle oplægges undertag som ved universitetsbygningerne, hvor alle tage har en hældning på 33°. Man ønskede den billigere løsning med understrygning af tagstene, der imidlertid forudsætter en taghældning på minimum 40°. Det ønske kom udvalget igennem med – sikkert som led i de taktiske forhandlinger med arkitekten. Bygningen blev indviet 1941 – med de gule tagsten men også med endnu en lille forskel: De specielle, firkantede tagrender, der findes på alle de gule bygninger, er normalt udført i zink, men på Naturhistorisk Museum er de af kobber.

Flere forhold og begivenheder peger på besættelsestiden 1940-45 som et vendepunkt for både institutionen Aarhus Universitet og for de gule bygnin-

114 ger. Det første forslag om, at universitetet skulle have en repræsentativ hovedbygning, blev fremlagt i Universitets-Samvirket i 1936, men ikke før 1939 kom der skub i den konkrete planlægning – fremskyndet af den spændte storpolitiske situation. Det var en stor og dejlig opgave for C.F. Møllers tegnestue, der på dette tidspunkt kun havde få medarbejdere. Povl Stegmann havde som tidligere nævnt forladt universitets-firkløveret allerede i 1937. Samarbejdet mellem C.F. Møller og Kay Fisker ophørte først formelt i 1943, men reelt eksisterede det ikke i 1941, da arbejdet med Hovedbygningen begyndte. Møller var således eneansvarlig arkitekt for opgaven, men landskabsarkitekten C.Th. Sørensen var stadig med, selvom han havde en lidt speciel status, der omtales nærmere i kapitlet »Robuste idéer«.

Også bygherren, Universitets-Samvirket, deltog i den almindelige kritik af arkitekturen i de første, gule bygninger. Ved et møde med bygherren, skriver C.F. Møller i sin bog: »… foreholdt man mig, at Hovedbygningen burde udføres af ædlere materialer end de allerede opførte underordnede bygninger, og man fremviste et fotografi af et af Mussolini i Rom opført universitet som eksempel.« Der skulle kort sagt skiftes stil, hvis Møller ville fortsætte som universitetets arkitekt. Bygherren ønskede mere monumentalitet, gerne á la den italienske neoklassicismes marmorpaladser. Det var ikke fint nok med de spartanske, danske materialer som tegl, puds og bejdset fyrretræ. For at understrege hensigten sendte Universitets-Samvirket i 1939 arkitekten på studierej-

se til Tyskland, Schweiz og Italien. Men Møller lod sig ikke sådan imponere, i hvert fald ikke af universitetet i Rom, hvis arkitekt, Marcello Piacentini, var en førerskikkelse i fascismens arkitektur. »Mussolinis marmorbeklædte universitetsbygning … var ikke efterlignelsesværdig,« skriver Møller. Tværtimod bygherrens hensigter havde Møller »især glæde af« at se et byggeri ved den tekniske højskole i Zürich (ETH – Eidgenössische Technische Hochschule) tegnet af arkitekten O.R. Salvisberg, hvor arkitekturen i funktionalismens ånd bygger på den samme enkelhed, som Møller selv søgte ved sit universitet.

Arbejdet med den egentlige projektering af Hovedbygningen fandt sted fra 1941, mens C.F. Møller havde tegnestue i det hus, som han i 1936 havde opført til sin familie på Stadion Allé. Men Hovedbygningen krævede noget særligt. En stor model i sand og gips af Universitetsparken og dens bygninger blev opbygget i Møllers sommerhus i Risskov, hvor han og medarbejderen Gunnar Krohn gav Hovedbygningen sin form. Aulaens sekskantede grundform har en vis lighed med nogle små udbygninger ved stationsbygningerne i Østerlars og Østermarie på Bornholm, som Kay Fisker og Aage Rafn havde tegnet 26 år tidligere, så på et kunstnerisk plan var forbindelsen mellem Møller og Fisker måske ikke helt afbrudt. For så vidt angår Aulaens indre nævner Møller selv inspiration fra Grundtvigskirken i København, der var indviet 1940, og hvis indvendige højde på 19 meter er den samme som Aulaens.

Hovedbygningen fik en betydelig monumentalitet, men nok af en anden

116   art, end bygherren havde forestillet sig. I det ydre ligger det monumentale især på sydsiden, hvor Aulaens gavl tårner sig op over den høje, let krummede mur, der afslutter moræneslugten. Det er et motiv, der leder forestillingerne i retning af dramatiske bjerglandskaber med et stænk af middelalderborg i dimensionerne – noget helt andet end de »underordnede« bygninger, der føjer sig ydmygt ind i parkens blide, danske landskab. I den forstand fik bygherren måske, hvad der var rekvireret. Mod nord er det de tre gavle, der er hovedmotivet med indgangspartiets arkadebuer som en pittoresk forsiring. Det er en blanding af tradition og modernitet, som ikke er udpræget monumental, selvom der er symmetri i de to gavle med mønstermurværk ved indgangspartiet. Hovedbygningens gennemsigtighed fra Ringgaden gennem Vandrehallen og arkadebuerne er til gengæld et moderne træk, som her er gennemført med datidens muligheder for glasstørrelser og murpillerne som kraftige sprosser.

I et tv-interview fra 1973 sagde C.F. Møller: »Rum kan ikke tegnes, de skal tænkes.« Det er en relevant formulering i forhold til Aulaen, der i usædvanlig grad er mættet med en stemning, der ikke kan nedfældes på et stykke papir. Rummet har en forunderlig blanding af traditionel højtid og fri fabuleren. Dimensionerne fra Grundtvigskirken lægger en sakral grundtone i rummet, men detaljer som de uregelmæssige mønstre i lufttragte og lydhuller på vægge og lofter, de krumme lydskærme i rummets ene side, bænkenes betræk af sortbrogede, jyske kalveskind (der senere er skiftet til delvist rødbrogede) osv., tager toppen af det højtidelige, så rummets samlede atmosfære er afslappet, men også fortættet af indtryk. Den atmosfære kunne ikke tegnes, men der blev tegnet talrige tegninger af Hovedbygningen, og man tog sig god tid med både projektering og opførelse for at undgå, at besættelsesmagten skulle okkupere bygningen. Om aulavæggenes mønstermurværk har Møller i en forelæsning 1987 fortalt, at de er inspireret af Skovgaards og Bindesbølls stramajmønstre, mens Nils-Ole Lund angiver, at mønstret i lufttragte og lydhuller ifølge Møller stammer fra Thorvaldsens Museum.

Som belysning i Aulaen havde Møller angivet nogle store former i rummet, nærmest af facon som syreballoner. Denne tanke gav han videre til kollegaen Poul Henningsen, som han kendte fra sin tid på Fiskers tegnestue, for at få PH til at udforme selve lysarmaturet. Det blev til spirallampen – også kaldt »den skrællede pære« – der første gang blev vist på Kunstnernes Efterårsudstilling i 1942, og hvis motiv PH senere brugte i flere andre lamper. Spirallampen er født til Aulaen. Den er et kongenialt stykke design til rummets arkitektur, og om lampen skriver Møller selv, at dens »storslåede form falder i tråd med bygningens øvrige detaljer.«

På en tegning af Hovedbygningen udført af Gunnar Krohn i 1943 kan man se Aulaens indre, hvor væggene er dækket af malerier. De skulle have været udført af Vilhelm Lundstrøm. Hvis disse malerier havde dækket vægge-

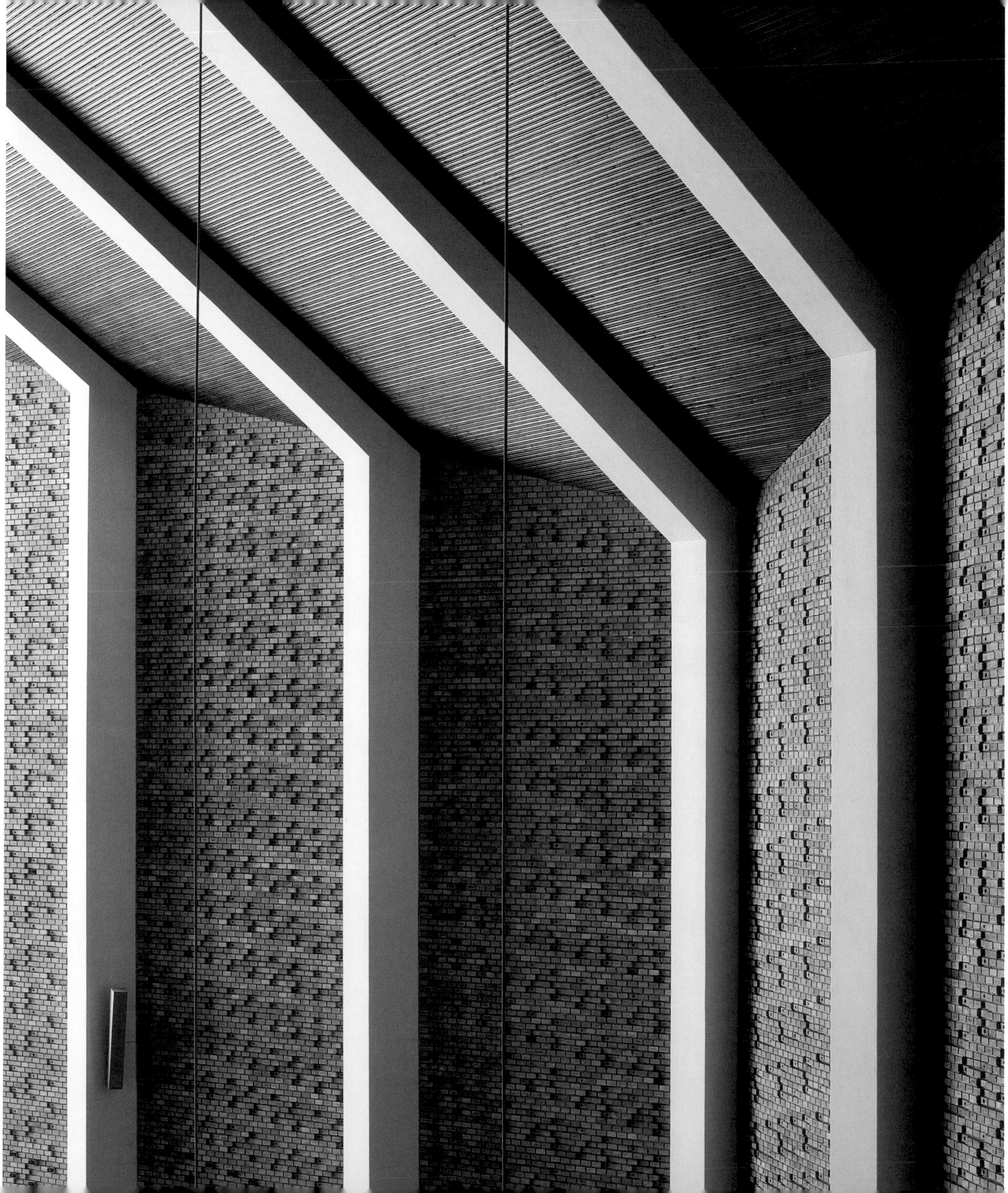

Foto optaget fra det medfølgende rekognosceringsfly ved bombardementet 31. oktober 1944 af Gestapos hovedkvarter på Aarhus Universitet. I billedets underkant ses Aulaens rygning.

118 ne, havde rummet fået en ganske anden – og måske mere fastlåst – atmosfære.

»Det var som om krigens hårde vilkår, bombemaskiner, tanks, betonbunkers m.v. banede vej og var en undskyldning for den mere romantiske udformning af visse bygningsled i hovedbygningen, murede stik over muråbninger, mønstermur i gavle og aula samt søjler og buer foran terrassen.« Sådan beskriver C.F. Møller i sin bog, hvordan universitetets arkitektur blev drejet i en anden retning end den oprindelige. Tydeligt nok mente han, at romantikken var drevet lidt for vidt. Især arkadebuerne ved Solgården havde han gerne været foruden, men de var også tegnet »med ført hånd«, har han sagt i en forelæsning 1987 – med adresse til bygherren. Det er også en kendt anekdote, som bl.a. er refereret i Nils-Ole Lunds bog, at da Møller vågnede på hospitalet efter at være gravet fri af ruinerne fra bombeangrebet på universitetet i 1944, var hans første spørgsmål til sygeplejersken: »Det skulle vel ikke være så heldigt, at disse buer er væltet?« Men det var de ikke.

I oktober 1943 havde Gestapo beslaglagt de daværende fem kollegiebygninger som sit hovedkvarter i Jylland. De husvilde kollegianere fik tag over hovedet ved en overstrømmende hjælpsomhed fra byens borgere, men den bastante, militære tilstedeværelse gjorde det selvsagt vanskeligt at leve et normalt universitetsliv. Gestapos aktivitet og arkiver i kollegiebygningerne var en alvorlig trussel mod den danske modstandsbevægelse og mod fremtrædende

personer i det civile liv. Truslen blev gradvist forværret frem til oktober 1944, da et større antal vigtige modstandsfolk blev arresteret af Gestapo. Dette var baggrunden for, at modstandsbevægelsen i midten af oktober anmodede Royal Air Force (RAF) om et luftangreb mod Gestapos hovedkvarter på Aarhus Universitet. RAF påtog sig opgaven efter få dages betænkning og iværksatte en minutiøs planlægning af angrebet.

At man i England forstod missionens vigtighed, fremgår af, at nogle af RAF's mest erfarne piloter blev udvalgt til at føre de ikke mindre end 23 Mosquito-jagerbombefly og de 8 Mustang-jagere, der var nødvendige ved angrebet. Gennem hele oktober måned havde der verseret rygter om, at alle studerende ved Aarhus Universitet ville blive taget af besættelsesmagten. Sidst i oktober blev der desuden over BBC bragt en meddelelse om, at Gestapo havde planer om en snarlig aktion mod de studerende. Derfor var der næsten ingen studerende og kun få lærere på universitetet, da angrebet kom den 31. oktober kl. 11.31. Men et hold håndværkere og arkitekter puslede på dette tidspunkt med det bevidst langsommelige arbejde i Hovedbygningen.

For at undgå den tyske radar kom flyformationen ind over Midtjylland i meget lav højde. Over Skanderborg Sø cirklede bombeflyene kort tid for at samle formationen, mens jagerflyene holdt dem dækket fra nord. Distancen fra Skanderborg til Århus fløj Mosquitoerne – med ca. 500 km/t – på kun tre minutter. Piloterne vidste, at de skulle holde sig lidt nord for den høje, lyse

HER DRÆBTES DEN 31 OKTOBER 1944
VED DET ENGELSKE FLYVERANGREB
PAA DE AF TYSKERNE BESATTE KOLLEGIER
FØLGENDE DANSKE HAANDVÆRKERE
DER ARBEJDEDE VED DENNE BYGNINGS OPFØRELSE

MURERFORMAND HARALD JØRGENSEN
MURER ANDERS CHR JØRGENSEN
MURER CHR ANDERSEN KROGH
TØMRER HILMER MIKAEL ANKER
TØMRER CARL EMIL JEPPESEN
TØMRER SVEND JEPPESEN
TØMRER JEREMIAS CHR LAURSEN
ELEKTRIKER IVAN SEVERIN SØRENSEN
GARTNER MARINUS SØRENSEN
MARKETENDERSKE LILLI LAURSEN

UNDER FORARBEJDET TIL BYGNINGENS OPFØRELSE
OMKOM DEN 22 SEPTEMBER 1941

MURERMESTER JOHANNES RASMUSSEN
MURERFORMAND JENS NØRGAARD JENSEN

gasbeholder ved Dollerupvej, og at de derefter skulle finde målet mellem vandtårnet ved Randersvej og tårnet på Johanneskirken. Men en af piloterne har fortalt, at disse pejlemærker slet ikke var nødvendige, selvom vejret var mørkt med et tæt, lavthængende skydække. Universitetets lyse, gule bygninger skilte sig klart ud blandt alle de røde, der omgav dem. Bomberne, der skulle ødelægge bygningerne, blev kastet i fire bølger efterfulgt af brandbomber, som skulle sikre, at også arkiverne blev destrueret. Angrebet foregik i så lav højde, at piloterne kunne se gestapofolkene inde i bygningerne, hvor der var tændt lys på grund af det mørke vejr. Et af Mosquito-flyene måtte dykke ekstra for at beskyde en person, der fra øverste etage forsøgte at ramme flyene med en maskinpistol. Derved kom flyet så langt ned, at dets halehjul under den hårde oppretning ramte rygningen på Aulaen. Hjulet blev revet af og fløj, ifølge et øjenvidne, i en stor bue ned på Nordre Ringgade, hvor det »dansede vanvittigt af sted« og endte på nordsiden af gaden. Flyet kunne fortsætte sin mission og kom i øvrigt uskadt tilbage til England ligesom alle de øvrige. Kun ét fly blev beskadiget af tysk antiluftskyts på havnen og måtte tage den kortere tur til Sverige. Hele angrebet blev dokumenteret med fotos og film taget fra et Mosquito-rekognosceringsfly, der også fløj meget lavt. På et af fotografierne kan man se de ødelagte og rygende kollegiebygninger og i billedets underkant Aulaens rygning.

Set fra RAF's og modstandsbevægelsens synspunkt var angrebet overor-

dentlig vellykket. Gestapos jyske hovedkvarter var grundigt ødelagt. Af det tyske militærpersonale var 59 dræbt og 44 såret. To danske fanger hos Gestapo undslap ruinerne i live, én blev dræbt. Men bomberne ramte ikke kun kollegiebygningerne. Aulaen blev truffet i det nordvestlige hjørne af en bombe, der blæste et stort hul i det tykke murværk. Flere andre steder på Hovedbygningen blev ramt, en enkelt bombe traf universitetets første bygning længere mod øst, mens andre mere bevidst skabte ødelæggelser på Langelandsgade Kaserne, der var belagt med tyske soldater. Set fra et civilt, dansk synspunkt var angrebet en tragedie, idet 10 danske håndværkere, der var beskæftiget i Hovedbygningen, blev dræbt. En mindeplade for dem er opsat i den østlige del af Hovedbygningen. En bombe faldt i en villa på Chr. Richards Vej, hvorved yderligere en person omkom. Desuden blev tre arkitekter, herunder C.F. Møller, begravet i ruinerne, men de slap nogenlunde uskadte, og arkitekternes skur, der stod i nærheden af den første bygning blev ødelagt.

Krigen, besættelsen og luftangrebet satte flere spor på Aarhus Universitet. Helt konkret kan arrene efter luftangrebet ses endnu på Aulaen og Langelandsgade Kasernes hovedbygning, men måske fik også arkitekturen i de gule bygninger en ny status som en arret kriger efter luftangrebet, der er den mest dramatiske og traumatiske begivenhed i universitetets historie. Derfor denne udførlige omtale. I denne ånd ønskede lærerforsamlingen, at indvielsen af Hovedbygningen skulle finde sted den 5. maj 1946, som en markering af års-

havde nok lokalt givet universitetet et vist fortroligt, provinsielt præg, som nu forsvandt. Efterhånden som de i alt seks forskudte 4-etages blokke stod færdige, var der desuden almindelig kritik af facaderne mod gaderne. De var for barske, tillukkede og kedsommelige, syntes man.

Debatten om arkitekturen kom endda helt ind i byrådet, hvor der ved mødet den 12. juni 1975 blev udtrykt kritik af både bebyggelsens tæthed og udseende. F.eks. betegnede den daværende rådmand for Magistratens 4. afdeling, Thorkild Simonsen, facaderne ud mod Nørrebrogade som »fængselslignende«. Dagen efter var sagen hovedhistorie på forsiden af *Aarhuus Stiftstidende,* illustreret af et ikke særlig flatterende foto af den nordligste bygning mod Nørrebrogade. Dengang stod disse bygninger med de ret små vinduer mod gaden da også helt nøgne og ubeskyttede af bevoksning.

Debatten i byrådet var en del af forspillet til den såkaldte Edmund Hansen-plan, en overordnet plan for byggerier i Universitets- og Vennelystparken, som forelå i 1976. Og »det nordøstre hjørne« gled ind i den store sammenhæng, godt hjulpet af efeu og andre vækster, der mildner den ret tilknappede bebyggelse. At der i samme periode, men i den modsatte side af Universitetsparken, blev bygget institutter for fysik og kemi, som er endnu mere kompakte, tiltrak sig ikke i samme grad offentlighedens opmærksomhed. Men arkitekt Møller var ikke tilfreds med disse byggerier, hvis højde og drøjde han bl.a. undskyldte med militærets utilbøjelighed til at afgive arealer.

Ud over C.F. Møllers egen bog fra 1978, et afsnit i Nils-Ole Lunds bog om Møller fra 1998 og de før nævnte artikler foreligger der ikke større, samlede tekster om Aarhus Universitets bygninger. Men de er omtalt i en række faglitterære bøger gennem det sidste halve århundrede. I Kay Fisker og Knud Millechs *Danske arkitekturstrømninger 1850-1950* er universitetet kun vist med to eksteriør- og et modelfoto. Der er ingen forklarende tekst, men både Fisker, Stegmann og Møller står angivet som arkitekter for byggeriet. Den gamle strid mellem Fisker og Møller om ophavsretten var åbenbart ikke bilagt i 1950. Da Hans Erling Langkilde i 1960 skrev en biografi om Kay Fisker, kunne denne selv læse med, og formuleringerne om Aarhus Universitet er forsigtige. Byggeriet udnævnes dog til »en demokratisk arkitektur – men såre langt fra det folkelige og hyggeligt fabulerende, som man en generation tidligere havde stilet imod.« Beskrivelsen af Fiskers rolle i byggeriet må især gælde den første bygning: »Der spilles på de relativt få strenge, som Fisker tidligere havde aflokket fine harmonier, og man genkender hans forkærlighed for de skarptskårne gavles motiv og hans evne til at lade sammensatte husblokke gro op af et kuperet terræn.« Generelt karakteriserer Langkilde Fiskers byg- værker som »klassicistisk humanisme«, et udtryk som med god ret også kan bruges om Aarhus Universitets bygninger, fordi det omfatter både en relevant stilistisk placering af og en rammende vurdering af holdningen bag bygningernes arkitektur.

*Jeg husker tydeligt, med hvilken fryd
det gik op for mig, at mine egne øjne og ingen brochure
eller guide eller kunstkritiker havde vist mig,
hvad god arkitektur kan være.*

I tidsskriftet *Arkitektur,* 1962 gennemgår Poul Erik Skriver de nye bygninger i Vennelystparken, dvs. de daværende Sygeplejekollegier, Journalistkursus og Tandlægehøjskolen. Om den sidstnævnte skriver han mildt kritisk: »Ønsket om rummeligere tagetager til dyrestalde m.m. har fremtvunget en trempeletage, der svækker proportioneringen.« Bygningen for Kunstmuseet, der var opført 1958, nævnes mærkeligt nok ikke, men den almindelige mening blandt arkitekter herom har været, at de forskudte, gule bygningskroppe passer udmærket til den samlede bebyggelse i parkerne, men at de er mindre velegnede som kunstmuseum. I samme tidsskrift anmelder Skriver i 1966 byggeriet for Statsbiblioteket, Administrationsbygningen og Studenternes Hus. Hans vurdering af Statsbibliotekets bygning er tvetydigt kritisk, for den »… er både i sin plan og sin ydre form udtryk for det rationelle i bibliotekets virksomhed. Der er intet, der symboliserer, at dette er et åndens tempel. Det svære bogtårn, som fanger opmærksomheden, når man ad ringvejen passerer universitetet, er blevet en slags landmærke. Man kan langvejsfra orientere sig om universitetets beliggenhed. Heri kan man selvfølgelig godt lægge noget symbolsk, at denne silo med alverdens viden er blevet universitetets mest iøjnefaldende bygning.« I Skrivers terminologi er ordet »silo« næppe venligt ment.

I bogen *Who is who in Architecture* udgivet 1977 og redigeret af J.M. Richards, er der et stykke om C.F. Møller, hvori han beskrives som »Basically a romanticist …« Det ville Møller jo nok have protesteret imod, hvis han havde

læst det. Det ansete engelske tidsskrift *Architectural Review* udgav i 1948 et helt nummer om Danmark, hvori Aarhus Universitet får en noget spredt præsentation men med rosende omtale af specielt Aulaen, der fremhæves for »den dygtige brug af traditionelle materialer på en samtidig måde og den høje standard af håndværket, som følger med den« (the skilful use of traditional materials in a comtemporary manner and the high standard of workmanship that goes with it). Dette kan være skrevet af den samme J.M. Richards, som er nævnt ovenfor, idet han var redaktør af *Architectural Review* 1937-71. Under alle omstændigheder peger de to vurderinger tilsammen på, at Aulaens arkitektur kan opfattes som romantisk, hvad C.F. Møller nok modstræbende ville være enig i.

Den daværende kronprinsesse Margrethe studerede i 1961-62 statskundskab og arkæologi ved Aarhus Universitet og boede på kollegium 9. Om denne tid har Dronning Margrethe II skrevet et bidrag til bogen *Student i Århus – femten erindringsbilleder,* udgivet 1979, hvori hun bl.a. gengiver sin oplevelse af universitetets arkitektur: »… det var universitetsbygningerne selv, der dag for dag groede ind i min bevidsthed, eftersom jeg færdedes mellem dem i al slags vejr, i særlig grad et bestemt sted, hjørnet ved det daværende Matematisk Instituts store auditorium. Jeg husker tydeligt, med hvilken fryd det gik op for mig, at mine egne øjne og ingen brochure eller guide eller kunstkritiker havde vist mig, hvad god arkitektur kan være. Den store gavl omgivet af mindre, det

gule tag, der slutter så præcist og fast til bygningens form, sollysets skrå fald, der får det enkle murværk til at spille og leve, som var det et tekstil, og bakkens bløde form, der lægger sig ind til bygningens krop og fuldender indtrykket af ro og harmoni.« En mere poetisk og præcis beskrivelse har de gule bygninger næppe fået.

Fra slutningen af 1900-tallet kan man stadig møde nuancerende vurderinger af Aarhus Universitets arkitektur. I *Danmarks Arkitektur – Magtens bolig* fra 1985 beskriver Lisbet Balslev Jørgensen de gule bygninger som udtryk for en funktionalisme, der bygger på lokal tradition: »Der er ingen bindende symmetri, men husene ligger »organisk rigtigt« og føjer sig »naturligt« ind i landskabet som en landsby. Den store aula på det højeste punkt har næsten sakral karakter med sin særlige form og store gavlvindue. Monumentaliteten ligger i det enkle materialevalg og størrelsesforholdene.« Anførselstegnene omkring ordene organisk og naturligt kunne antyde en vis reservation, ligesom ordet »landsby« kan opfattes som et kritisk udtryk af noget nostalgisk. Beskyldninger for en romantisk tendens slipper de gule bygninger nok aldrig for.

De forskellige tolkninger, som Aarhus Universitets gule bygninger i tidens løb har været udsat for, viser, at der er flere lag i arkitekturen. Denne dybde er en af forudsætningerne for et betydeligt arkitekturværk. De forskellige lag kan opfattes som spændinger, der konstant vækker oplevelsen af arkitekturen, og det sker stadig i nutiden. I foråret 2003 blev en gruppe universitetsstuderen-

130   de spurgt om deres holdning til arkitekturen ved universitetets bygninger. Helt umiddelbart lød det fra en af de studerende, at det gule byggeri er »fedt« og »sejt«, fordi det er »retro«. Det sidste blev dog imødegået af en anden, der mente, at den gule arkitektur ikke er retro, dvs. tilbageskuende, fordi den snarere er tidløs. Nogle mente desuden, at fedt og sejt er forældede udtryk, mens »cool« snarere dækker de unges tolkning på nudansk. Mere traditionelle udtryk anvendes også af nutidens ungdom. En mente f.eks., at byggeriet i de to parker er »flot i sammenligning med universitetsbyggerierne i Aalborg, Odense og Roskilde«, og udtryk som »smukt« og »fredfyldt« blev nævnt. Hvad alle kunne enes om, var, at samspillet mellem bygninger og park er den afgørende kvalitet, og at dette samspil giver hele anlægget karakter næsten som en levende organisme. De studerende har også en klar fornemmelse af forskellen på arkitekturen ved bygningerne inden for og uden for parkerne. Om Nobelparken og bygningerne for Det Teologiske Fakultet blev der brugt udtryk som »mainstream« og »fancy«, og blandt de studerende i almindelighed udtales Nobelparken gerne med tryk på første stavelse.

     Holdningerne hos nutidens studerende ved universitetet tyder på, at de gule bygninger fastholder deres status som et eminent arkitekturværk, der får lidt flere nuancer, når det beskrives på nudansk, mens bygningerne uden for parkerne endnu befinder sig i tolkningernes første kritiske fase.

THE CANONIZATION

The years immediately following the inauguration of the first University building in 1933 were rather tough on the architects, and especially on C.F. Møller who had moved to Aarhus to establish his own company and to monitor the realization of the University project. In 1974 Møller explained in an interview: 'It was a horrible time for me. I could not even travel in a tram without being met with criticism'. He mentioned at another time the numerous 'letters to the editor' in the press, which expressed views like: 'Why must this architect without any talent be allowed to destroy the entire northern part of the town'. No doubt he also thought about the words King Christian X uttered to him at the inauguration, i.e. that he ought to study the Danish manors. Møller felt, however, that 'the King's advice was forgivable because the building was indeed quite austere'. In a way the King had merely expressed the opinion of the general public, and that opinion was indeed negative.

All over the world the 1930s were filled with uncertainty, depression, and the threat of war. Local unemployment was extremely high. Further development of the University was not certain and work came to a halt at C.F. Møller's drawing office. The extensive criticism of the architecture only added fuel to this uncertainty. Fortunately, however, encouragement was to be found from professional colleagues – Steen Eiler Rasmussen and Ivar Bentsen, for example.

Many European periodicals, especially German, wrote about the new University buildings, thus giving professional recognition to the project. In the Italian *Casabella,* Riccardo Rothschild wrote in 1934: 'The contours of the terrain are followed to the greatest extent possible in order to utilize all its qualities, and in this way the architecture is an artistic accentuation of the natural beauty of the landscape. The architecture does not seem to have been forced into the terrain but rather to have grown from it'. When *Casabella* described the University of Aarhus again in 1991, the editor wrote in an accompanying text to an article by Poul Erik Skriver that the buildings were 'a unique example of "long-term design" and functionalism without epoch'. Ten months after the German occupation of Denmark, *Deutsche Bauzeitung* wrote in February 1941 about Aarhus University: 'The new University area in Aarhus is indisputably one of the most beautiful contributions to contemporary Danish architecture'.

When the Museum of Natural History was planned in 1938 the situation was once again somewhat tense. Because of the general public's displeasure with the University buildings, C.F. Møller could not expect to become the architect for the Museum, but by secretly negotiating he got his way and was eventually appointed. Some members of the building committee wished the building to have red roof tiles, which were to be at the building site for the topping-out ceremony. In the joyous atmosphere of the ceremony C.F. Møller managed to persuade the members of the committee to accept yellow roof tiles (which had already been ordered from the brick factory)!

The years of occupation were a turning point for the University itself and for the yellow buildings. When the construction of the University Main Building started in 1941, C.F. Møller was in fact solely responsible for the project. C. Th. Sørensen still worked with Møller, although his role was somewhat special. The University and City Liaison Committee in commissioning the building requested more monumentality and even mentioned Mussolini's new University of Rome, built in the neo-classic style. To put pressure on Møller, the architect was sent in 1939 on a study tour of Germany, Switzerland and Italy. Mussolini's university did not impress Møller at all, but he was instead extremely impressed by a functionalistic building at the Technical High School of Zürich (ETH), designed by the architect O.R. Salvisberg.

Work began in 1941 on a detailed design for the new University Main Building. The building did actually become monumental – perhaps not exactly in the way requested – and was quite different from the other 'subordinate' buildings standing humbly in the Park. To the north, three gables constitute the main motive, with the arcade arches at the entrance forming a picturesque decoration.

In a T.V. interview, C.F. Møller said 'rooms cannot be drawn, they have to be imagined'. This description is perfect in relation to the Main Hall, which is filled with an atmosphere that cannot be transferred to paper. When planning the lighting for the Hall, Møller addressed Poul Henningsen [also known as PH], who designed the 'peeled pear' lampshades that Møller found harmonious with the other details of the building.

In October 1943 the Gestapo made the five Halls of Residence their headquarters in Jutland. The activities and archives of the Gestapo in these buildings became a serious threat to the Danish resistance movement and to leading civilians. The situation worsened in October 1944 and for this reason the resistance requested the Royal Air Force to execute an air raid against the buildings. After a few days of deliberation the RAF accepted the task, and a thorough plan was made for the attack. No less than 23 Mosquito fighter-bombers and eight Mustang fighters were involved in this precision attack. They needed to fly so low that one of the Mosquitos lost its tail wheel when it hit the top of the roof of the Main Hall. The attack was a great success seen from the point of view of the RAF and the resistance. Civilian losses were unavoidable, and 10 Danish tradesmen working in the Main Building were unfortunately killed. Three architects – including Møller – were buried under the rubble but luckily only suffered light injuries. The scars from the air raid are still visible in the Main Hall and the neighbouring Barracks, and maybe the scars gave the yellow buildings yet another status as 'a scarred warrior'.

The University buildings received greater acceptance after this, and in the periodical *Arkitekten* 1949, Axel G. Jørgensen writes: 'We believe that the whole University Town, once it is finished, will be seen as the most prominent work of architecture in Denmark in this century, therefore it is possible now to pronounce the Main Building a principal work in Danish architecture of the 1940s'. The canonization was eminent and Møller could feel a little more secure in his future role as the University's architect.

In the 1970s, however, critical comments were to be heard again when the 'north-eastern corner' was under construction. This particular complex is rather compact, and criticism of it even came up for discussion in the City Council. But, later on, with the help of ivy and other botanical features this controversial corner was on its way to being accepted and integrated in the campus.

Apart from C.F. Møller's own book from 1978 and a section in Nils-Ole Lund's book from 1998 on Møller, and some few articles, there is no comprehensive description to be found of all the University buildings, but they have been mentioned in many architectural publications throughout the past 50 years. In Fisker's and Knud Millech's book *Danske arkitekturstrømninger 1850-1950* (Danish Architectural Styles 1850-1950), the University is mentioned – but only with two exterior and one model photo. In 1977 in the book *Who is who in architecture,* edited by J.M. Richards, C.F. Møller is described as 'basically a romanticist'. Møller would not have approved! In 1948 the British periodical *Architectural Review* dedicated a complete issue to Danish architecture. Here, the Main Hall receives a particularly positive review.

As Crown Princess, Queen Margrethe studied at the University from 1961-62, and in her contribution to the book *Student in Aarhus* from 1979, she repeats her impression of the buildings: '… I remember particularly the joy with which I suddenly realized that my own eyes, and not a brochure or guide or art critic, had shown me what good architecture can be.'

Different interpretations of the University buildings have been offered over the years. In the spring of 2003 a group of students were asked for their opinion about the architecture and, rather naturally, one of the students used slang expressions like 'great' and 'tough' because it was 'retro'. Some disagreed, because they found the architecture 'timeless', while others found the first two expressions rather antiquated and named 'cool' as more appropriate! They agreed unanimously that Aarhus was fine compared to Aalborg, Roskilde and Odense, and words like 'beautiful' and 'peaceful' were mentioned.

7

Om markante yderpunkter i parkernes gule arkitektur –
om det robuste ved den oprindelige arkitektoniske idé
og forskydninger i den gennem tiden – om nye og ned-
revne bygninger ved Aarhus Universitet – om universite-
tets »tankebygninger«, dvs. ikke realiserede anlæg og
bygninger – og om parkerne i vækst og forandring.

ROBUSTE IDÉER | Omkring årtusindskiftet skete der i Universitetspar-
kens sydøstlige del nogle store forandringer, som markerer dels et yderpunkt i
parkernes gule arkitektur, dels et skift i holdninger til, hvor omfattende denne
arkitektur bør være. Det sidste angår Fødselsanstaltens hovedbygning, der i år
2000 blev indrettet som »Det Sundhedsvidenskabelige Bibliotek og Uddan-
nelsescenter«, men som gennem en lang periode forud ellers var dømt til
nedrivning og erstatning med gule universitetsbygninger. Den historie beret-
tes der mere om i afsnittet »Bevaring og forandring«.

Det store nybyggeri i området var Auditoriehuset, som stod færdigt
2001, og som er det hidtil største enkeltbyggeri i parken siden opførelsen af
Fysisk Institut og »det nordøstre hjørne« midt i 1970'erne. Bygningens funk-
tion og indhold er beskrevet i »Forårsbyen«, men dens volumen og arkitektur,
som viser en ny orientering af det robuste formsprog i universitetets gule

bygninger, fortjener en nærmere omtale – især sammenlignet med den første
bygning fra 1933, der jo udstak retningslinjerne.

Selvom denne første bygning var uhyre moderne i sit udtryk, er dens
byggeteknik i det væsentlige baseret på datidens traditioner. Murværket er
det altdominerende materiale. Facaderne er i fuldmur, ligesom skillerum er af
murværk, men over de ret brede vindueshuller er der anvendt ståldragere,
hvilket var noget nyt, som medvirkede til bygningens forenklede ydre. Løs-
ningen har dog også været årsag til mange reparationer. Den spartanske øko-
nomi spillede, som det ofte er fortalt, en væsentlig rolle i udformningen af
den første bygning. Det kan også ses på den, men ikke som en mangel på
kvalitet. Tværtimod er nøjsomheden intimt forbundet med både denne byg-
nings arkitektur og med den funktionalistiske strømning, der lå bag den. De
enkle, homogene formationer i gul tegl blev det særegne ved Aarhus Univer-
sitet. Hovedbygningen, der stod færdig 13 år senere, var den nødvendige
undtagelse i dette særpræg. Dens romantiske træk i de murede stik over vin-
dues- og dørhuller, i buerne ved hovedindgangen og ved Solgården var nød-
vendige, fordi man ikke kunne få jern under krigen. Den monumentale Aula
var dels et krav fra bygherren, der reagerede mod den tidligere nøjsomhed,
dels et udtryk for tidens nationale vækkelse. Og alle nødvendighederne hen-
viste C.F. Møller underfundigt til som en undskyldning for romantikken.

Der er stor forskel på Auditoriehusets fire facader. Set fra nord med søen i

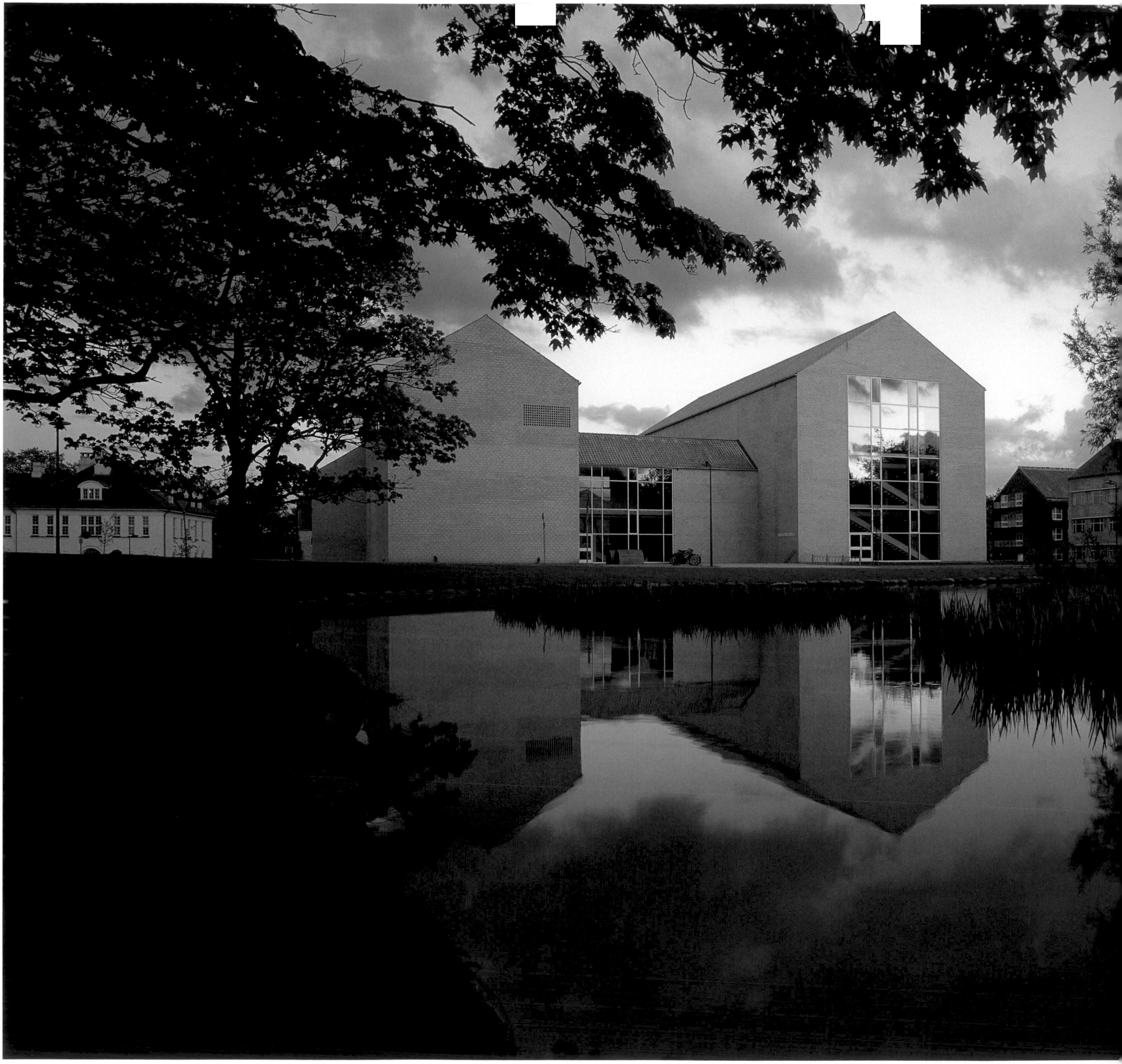

forgrunden danner bygningens to gavle en formation, der falder naturligt til i

parken. Set fra øst og helt ude fra Nørrebrogade er der et fint samspil af tag-
flader og af store murflader, der dog på nærmere hold virker ret øde i deres
voldsomme størrelse. Det samme indtryk melder sig ved den store, forsænke-
de plads mod syd, men her oplives murfladernes voldsomhed af de skæve
vinkler ved indgangspartiet, af det store glasfelt til trapperummet og af for-
skydninger i pladsrummets begrænsninger. I dette pladsrum viser Auditorie-
huset, at et nyt formsprog kan udvikles i naturlig forlængelse af den gamle
arkitektur. Vestfløjens kolossale gavl mod syd viser til gengæld, at bygningens
størrelse i sig selv er et problem, der ikke løses alene med en blænding, der er
trukket en halv sten tilbage for facadeplanet. Blændingen er en reference til
de store glaspartier i andre gavle i parkerne. Vestfacadens størrelse er også
påfaldende, men her skaber vinduernes placering og proportionering en
interessant fladekomposition. Udadtil har bygningen således flere udtryk af
forskellig styrke og kvalitet. Facaderne har karakter af enkeltflader, som hver
især har en mere eller mindre interessant komposition. Derved bliver de todi-
mensionale flader dominerende på bekostning af den tredimensionale byg-
ning. Det er en forskel fra normen i parkbyggerierne, hvor netop den skulptu-
relle »klump« er afgørende for samspillet mellem park og bygninger.

Auditoriehusets særdeles rummelige foyerarealer kan forekomme luksu-
riøse, men de er nødvendige for husets funktion ved større arrangementer,

og der er et interessant forløb mellem foyerrummene på de forskellige etager. Per Kirkebys rekordstore lofts- og vægmaleri, som både er en dekoration og et monumentalmaleri med religiøst motiv, har en dramatisk rolle i disse rumforløb. Dramatikken skaber en voldsom kontrast til husets generelle minimalisme, og maleriet tager stort set pusten fra interiøret. Husets væsentligste rum, auditorierne, er overordentlig vellykkede. Det største med plads til ca. 450 tilhørere er et rektangulært rum med højt sidelys og en balkon bagest i rummet. Gulvet med stolerækker krummer roligt nedad mod talerpulten og den store tavlevæg, mens loftet er et frithængende, bølgende panel af ahornfiner. På væggene danner ventilationshuller et mønster, der kan give associationer til både Aulaens vægmønstre og til nutidens computergrafik – en fin kobling af stedets tradition og fornyelse. Rummets former, materialer og farver skaber en seriøs, men også varm atmosfære, der må virke befordrende for rummets funktion, en atmosfære, der med variationer også findes i husets fire mindre auditorier.

Den nyeste tilføjelse til det gule byggeri er en mindre tilbygning fra 2002 til konferencecentret ved Studenternes Hus. Den rummer en »Faculty Club«, der bl.a. henvender sig til universitetets udenlandske gæster. Her kan man direkte se det robuste ved den gule teglarkitektur. Overgangene mellem nyt og gammelt murværk er synlige og vil være det i lang tid, og de er glidende, fordi murværkets forbandt ikke er brudt. Det er et klart billede af universitets-

byggeriets kontinuitet forlænget i et nutidigt, minimalistisk formsprog. Steno Museet, der blev indviet 1994, holder sig på sin vis til normerne for det gule byggeri. Men på et væsentligt punkt adskiller museets bygning sig fra noget elementært i normerne. De tre sammenbyggede huskroppe, hvoraf den midterste er højest, danner et symmetrisk anlæg med hovedindgang og foyer i den høje midterdel. Dette traditionelle, stilhistoriske motiv findes ellers ikke i parkbyggerierne. Det banebrydende ved konkurrenceforslaget fra 1931 og den første bygning fra 1933 var netop bruddet med symmetrien, der havde behersket arkitekturen i mange århundreder forud. Et andet stilbrud ved Steno Museet er, at der i glaspartierne er anvendt soldæmpende glas. Det findes også i andre nyere bygninger i parkerne, men ved museet er glassets blålige refleksfarve ganske synlig især ved det krumme indgangsparti. Da bygningen var ny, beskrev denne forfatter indtrykket som »en vejrbidt fisker med solbriller«.

Den første bygning fra 1933, Hovedbygningen fra 1946, Steno Museet fra 1994 og Auditoriehuset fra 2001 markerer nogle ydre grænser i de gule bygningers arkitektur. Hvis opgavens ydmyghed skulle gælde som et yderpunkt, kunne man også tage »Uni-kiosken« fra 1987 med. Denne konstatering viser desuden, at der har været en stort set stabil periode på ikke mindre end 48 år – fra 1946 til 1994, hvori arkitekturen nok har varieret lidt, men uden de markante udsving, der findes i de nævnte fire, større byggerier. I den

140 stabile periode er der til gengæld stillet krav til bygningernes kvantitet, og det har sat arkitekturen under et pres, som i nogen grad også fik indflydelse på dens kvalitet. F.eks. er kæden af bygninger for Matematisk, Fysisk og Kemisk Institut i Universitetsparkens vestlige del, der blev opført i 1960'erne og 1970'erne, så kompakt, at billedet af bygninger i en park fortoner sig, og indvendigt er dette bygningskompleks temmelig labyrintisk.

Kravet om kvantitet kommer desuden til udtryk i Universitetsparkens nordøstre hjørne, hvor der i årene omkring 1970 blev opført dels en sammenhængende bebyggelse langs Nordre Ringgade og Nørrebrogade, dels flere tilbygninger ved den første bygning fra 1933, som nu tilsammen kaldes »øen«. Rummet mellem »øen« og »det nordøstre hjørne« har en næsten bymæssig tæthed, men det kan stadig opleves som en varieret del af parken. Den funktionelle tæthed i området understreges yderligere af, at der i 1972 blev lagt en tunnel under Bartholins Allé mellem »øen« og bebyggelsen langs Nørrebrogade. Periodens voldsomme bebyggelser i Universitetsparken havde som tidligere nævnt baggrund i truslen om, at dele af universitetet skulle flyttes til det planlagte B-center i Lisbjerg. Det arbejdede C.F. Møller hårdt for at undgå. Han ville bevise, at hele universitetet kunne være inden for parkerne. Kompromisset blev det kompakte byggeri mod vest og nordøst, som med hans egne ord »dog kunne danne en planmæssig balance.«

Et godt stykke uden for parkerne og helt uden sammenhæng med det gule byggeri blev der 1969-70 opført et væksthus for Botanisk Institut i Botanisk Have. Bygningens slyngede, organiske form kan næsten opfattes som en reaktion på de stramme regler for det gule byggeri i Universitetsparken. Man kan fornemme arkitekternes fornøjelse ved at slå sig lidt løs. Men bygningens form tjener fuldt ud sit formål med forskellige klimazoner i den smalle, slyngede del, der føjer sig blødt ind i det cirkulære, tropiske væksthus. Ligesom bygningen i Botanisk Have adskiller sig arkitektonisk radikalt fra resten af universitetet, er også dens funktion speciel, fordi Væksthuset i den kommunale have er en populær attraktion, hvor man – foruden informationer om væksterne – kan hente lidt eksotisk varme i det kølige danske klima.

Glasarealernes størrelse i de gule bygninger har konstant været under debat. Allerede i 1930'erne klagede de studerende over solvarmen bag de store vinduer i den første bygning, og ved dens tilbygning med det første matematiske institut i 1960 var der ifølge C.F. Møllers bog ligefrem »hetz mod store vinduesglasarealer.« Det naturlige for de gule bygningers arkitektur er, at vinduerne sidder som huller i murværket, selvom hullerne kan sidde så tæt, at de opfattes som vinduesbånd, og selvom der i den første bygning også er et stort glasparti i trapperummet. Et brud med denne karakter blev gjort med Aulaens store gavlvindue, der i nogen grad ophæver det massive ved den sekskantede klump af murværk. Store gavlvinduer kom der siden

flere af, men i mindre bygninger, hvor glasset i større grad tager magten fra murværket. Det gælder f.eks. syd- og vestgavlene på administrationsbygningen fra 1960'erne og 1990'erne samt vestgavlen på kantinebygningen overfor »øen« fra 1970'erne. Gennem flere år blev der gjort forsøg med forskellige former for solafskærmning. De første markiser blev opsat ved Kemisk Institut i 1959, og denne løsning udviklede sig efterhånden til de nuværende mekanisk drevne markiser af gul ravndug, som fungerer efter hensigten, men som efter C.F. Møllers mening »har givet bygningerne en vandret lagdelt karakter stærkere end egentlig tiltænkt.« Uanset den oprindelige tanke kan man på en solskinsdag opleve fine facadebilleder med skiftende bånd af solgule markiser hen over grågult murværk og grønt løvhang.

De mange rokeringer, som i årenes løb er foretaget mellem universitetets funktioner, har medført adskillige store og små bygningsændringer, men det mest dramatiske indgreb var nedrivningen af professorboligerne og »store auditorium« i 1970. Den var nødvendig, da det nordøstre hjørne skulle opføres. De fem professorboliger, hvoraf de fire var opført 1933-34 og den sidste i 1947, var fritliggende villaer med haver, der gled sammen med Universitetsparken. Af gamle fotos kan man se, at disse villaer var et klart udtryk for inspirationen fra Bauhaus, bl.a. ved et dristigt hjørnevindue i opholdsstuen og en spændstig komposition af facaderne.

Gennem universitetets første 36 år havde det nordøstre hjørne af Uni-

versitetsparken været åbent. Fra Ringgaden, Nørrebrogade og den lille stump af Katrinebjergvej, der gav adgang til professorboligerne, kunne man se ind i parken. For de omgivende kvarterer i det nordlige Århus og for folk i almindelighed skabte denne åbenhed en vis fortrolighed med universitetsmiljøet. I Hvem-Hvad-Hvor, årgang 1944 er der endda vist en plan over Aarhus Universitet, hvor de daværende professorers navne er angivet for de enkelte boliger. Derfor var det med en del vemod, at man greb til nedrivningen. Som påpeget af universitetshistorikeren Palle Lykke, var tidspunktet desuden symbolsk, for netop i 1970 vedtog man den nye styrelseslov, der opløste »det professorale enevælde«. Vemodet gjaldt også disputatsauditoriet, »store auditorium«, hvor mange markante forelæsninger var holdt for både universitetets og byens befolkning. Det var et rum med en klar akademisk atmosfære, der blev understreget af de stive klapsæder af træ og af den antikke, græske frise i gipsafstøbning placeret over talerstol og tavler. Frisen, der stammer fra et tempel på øen Aigina, befinder sig dog velbeholdent i Antikmuseet.

De forsvundne bygninger er registreret og har sat sig spor i erindringen. Anderledes svagt i mindet står »tankebygningerne«, dvs. de anlæg og byggerier, som aldrig kom længere end til papiret. Fra begyndelsen af 1940'erne findes en skitse fra C.F. Møllers Tegnestue til udbygning af hele Universitetsparken, der viser et ganske andet bebyggelsesmønster end det realiserede. Grundlaget for skitsen har været usikkert, for på flere af de viste bygninger

142 står der blot »disponibelt«. Det mest markante forslag er en »universitetsplads«, der danner par med en tilsvarende plads for Kommunehospitalet, tværs over Nørrebrogade, hvor nu Wilhelm Meyers Allé findes. Pladsen dannes dels af en tilbygning ved Fødselsanstalten, dels af et »forskningsinstitut« placeret langs pladsens nordside, men de to bygninger er desuden bundet sammen af en slags kolonnade, der i en ret vinkel afslutter den langagtige plads mod nordvest, og som stikker dette hjørne ud i søen. Det ville være blevet et temmelig pompøst anlæg med klassicistisk anstrøg – måske fremtvunget af bygherrens ønske om en mere højstemt stil over byggeriet.

Skitsen viser yderligere seks professorboliger placeret langs en vej tværs over slugten fra universitetspladsen til Langelandsgade samt nogle boldbaner mellem boligerne og de disponible institutbygninger. Tværvejen kan være reminiscenser af den H.C. Ørsteds Allé, der er vist på projekterne fra 1920'erne, og som aldrig blev realiseret. Til gengæld viser nogle skitser fra juni 1944 til Statsbiblioteket, at dette store byggeri i princippet var fastlagt allerede en snes år inden det blev opført. Bogtårnets placering er som den blev, men tårnet er vist lavere end det nuværende.

Det er antagelig denne højde på tårnet, C.F. Møller henviser til i sin bog om universitetsbygningerne, hvor han angiver, at Bogtårnets form er inspireret af Søbatteriets tårn i Korsør. På skitserne fra 1944 er der også vist en gennemkørsel i niveau og forbindelse med Nordre Ringgade, hvor der nu er en

passage under Hovedbygningen. Den trafikåre ville næppe have fået lov til at fungere i nutiden.

Et af luftkastellerne nåede end ikke at blive nedfældet på papir. Den tidligere medindehaver af C.F. Møllers Tegnestue David Birnbaum har fortalt følgende om den tidlige planlægningsfase for Matematisk Institut i begyndelsen af 1950'erne. Professor Svend Bundgaard, der senere blev universitetets rektor 1971-76, og som forestod byggeriets programmering, havde været i USA og havde set et matematisk institut udformet som et højhus i glas. Sådan et ville han også gerne have, og det skulle helst placeres ved søen midt i Universitetsparken. Forelagt dette ønske sagde C.F. Møller, at det lød vældig interessant, og at han ville gå hjem og tænke over det. Nogle dage senere kunne Møller så fortælle Bundgaard, at hans ønske desværre ikke kunne opfyldes, fordi der er flydesand i undergrunden ved søen – hvad der muligvis også er. Anekdoten fortæller en del om Møllers diplomatiske evner, men også om institutternes kamp for de bedste placeringer i parken og deres ønsker om individuel fremtoning. Den homogene, gule arkitektur er for en stor del et resultat af arkitektens diplomatiske stædighed.

»Det lærde Selskab« blev stiftet ved Aarhus Universitet i 1945 som et forum for diskussioner og foredrag. Selskabets medlemskreds er selvsupplerende og udgøres af professorer og andre videnskabsfolk, som repræsenterer den ypperste fagkundskab på hver deres felt. Forbilledet for det århusianske

selskab var fra begyndelsen Videnskabernes Selskab i København, den ærvær-
dige institution fra 1742, der har domicil sammen med Ny Carlsbergfondet
på Dantes Plads, lige over for Ny Carlsberg Glyptotek. Det lærde Selskab blev
ikke et videnskabeligt akademiråd som pendanten i København, men eget
hus ville de lærde århusianere gerne have ligesom kollegerne i hovedstaden.
»Domicilønsket«, som det benævnes i Palle Lykkes bog om Det lærde Selskab,
havde skiftende aktualitet i perioden 1971-84, og der findes skitser, som bely-
ser domicilønskerne. Nogle af skitserne, som er fra september 1971, er tegnet
af C.F. Møller selv.

Det er hurtige rids, men de fortæller ret konkret om flere udformninger af
en bygning placeret mellem Bartholinbygningen og Kollegium 9 – og tæt
ved søen, som alle universitetets bygherrer foretrækker. En af skitserne viser
fire parallelle husblokke bygget sammen omkring en lille gård. Den største
blok ligger nærmest søen og rummer en sal på ca. 100 m² med et opholdsare-
al afskærmet af en pejs. I de øvrige husblokke er der birum, spisestue samt et
rum med benævnelsen »hygge«, og ifølge den stemningsfyldte skitse kunne
dette lille anlæg i det hele taget være blevet svært hyggeligt. En anden skitse
fra februar 1979 viser en mere kontant placering ved den sydlige ende af
»biokæden«, og her er tale om et hus i to etager med et samlet areal på ca.
1.250 m², heraf en sal på ca. 270 m², altså et væsentligt større – og mere pro-
saisk – hus end det fra 1971. Selvom Det lærde Selskab endnu ikke har fået

eget tag over hovedet, er det ifølge universitetets hjemmeside »i fuldt vigør
med seks foredrags- og diskussionsmøder om året.«

Professor, dr.jur. Stig Jørgensen har fortalt, at den dobbeltstilling, som
han omkring 1970 havde som vicepræsident for Det lærde Selskab og næst-
formand for Folkeuniversitetet i Århus, spillede en rolle for selskabets domicil-
ønsker. I koblingen mellem Folkeuniversitet og Det lærde Selskab så Jørgen-
sen muligheden for et modspil til den udvanding af studiernes faglighed, som
efter hans opfattelse fandt sted ved demokratiseringen efter den nye styrel-
seslov. I en selvstændig bygning kunne Det lærde Selskab, uafhængigt af det
angiveligt populistiske universitet, både holde den videnskabelige faglighed i
hævd og formidle den faglige viden til almindelige mennesker gennem Folke-
universitetet.

Det var en tidlig kongstanke hos C.F. Møller, at Nordre Ringgade burde
flyttes mod nord, så det trekantede areal, hvor Studenternes Hus og admini-
strationsbygningen blev opført midt i 1960'erne, kunne blive en naturlig del
af Universitetsparken. Allerede forud for opførelsen af den første bygning i
1933 forsøgte Møller at overbevise borgmester Jakob Jensen om det fortræf-
felige ved denne idé. Ved et møde på stedet udtalte borgmesteren da de ord,
som Møller ofte har citeret: »Unge mand, hvis De ikke er tilfreds med de for-
hold, som jeg her kan skaffe, er det blot et 5-øres brevkort for at få en anden
arkitekt.« Det afgjorde jo sagen dengang, men idéen levede stædigt videre

145

hos Møller, og i sin bog fra 1978 har han udførligt gjort rede for, hvordan arealet og bygningerne nord for Ringgaden kunne kobles sammen med parkbebyggelsen syd for gaden. Efter dette forslag lægges Ringgaden i en tunnel under krydset ved både Nørrebrogade og Langelandsgade. Derved bliver arealet nord for Hovedbygningen ubrudt af trafikårer, og Møller viser i en model, hvordan bl.a. fire parallelle husblokke kan placeres tværs over Ringgadens tracé. Det er en radikal løsning såvel trafikalt som bygningsmæssigt, og den nødvendigvis store investering står næppe mål med den trafikale gevinst. Og nu, da man har vænnet sig til at køre gennem Aarhus Universitet på Nordre Ringgade, er forslagets æstetiske gevinst heller ikke indlysende.

Ligesom den homogene, gule arkitektur i høj grad er resultatet af arkitektens stædige forfølgelse af én og samme idé, der i begyndelsen blev kritiseret, er parkanlæggets beplantning udelukkende med egetræer udtryk for en monomani, der undervejs har mødt modstand. I det foregående afsnit er det nævnt, at landskabsarkitekten C.Th. Sørensen havde en lidt speciel status i universitetssagen. Hans indsats måtte angiveligt foregå i det skjulte. I bogen om Sørensen, skrevet af Sven-Ingvar Andersson og Steen Høyer, er forholdet antydet med udtryk som »Sørensen blev gået …« og »… eftersom Sørensen var i unåde, måtte hans medvirken holdes hemmelig.« Bogens forfattere mener, at byens daværende stadsgartner, Leif Sandbjerg, ikke var begejstret for Sørensens idé om den ensartede beplantning med egetræer, som også skulle

have mødt anden lokal modstand. Derfor holdt Sørensen en lav profil og lod beskedent sine forslag fremlægge gennem C.F. Møller. I en præsentation af Aarhus Universitet i Arkitekten's månedshæfte 1934 er Leif Sandberg angivet som havearkitekt sammen med C.Th. Sørensen. Da artiklen udførligt omtaler parkens beplantning med egetræer, kan det tolkes som stadsgartnerens støtte til idéen om en egepark. Den senere stadsgartner Asger Kamronn kan heller ikke bekræfte, at der skulle have været en faglig uenighed mellem Sørensen og Sandberg. Men Sørensens besynderlige status som hemmelig agent kan have haft andre, måske personlige årsager.

Bækken i bunden af moræneslugten er det naturgivne grundlag for parkanlægget. At dette træk blev bevaret, var i sig selv noget nyt i forhold til tidligere forslag til byggerier i området. Respekten for det naturgivne var karakteristisk for Sørensens arbejder, og det samme kan siges om bækkens naturnødvendige gennembrydning af det høje murværk i den lille brønd ved foden af Aulaen. Ifølge bogen om Sørensen havde valget af egetræet en tilsvarende naturlig og historisk baggrund. Selvom det er de »brede bøge«, der er nævnt i nationalsangen, er egen ældre i Danmark end bøgen. Egetræet var her allerede i bronzealderen. Hvis man ville sende et nationalt signal med valget af parktræ, var egen derfor både et solidt underbygget og originalt valg. Desuden trives egen, med sit robuste rodnet, godt i nærheden af bygninger, og løvet kaster en let skygge, der er behagelig i en park.

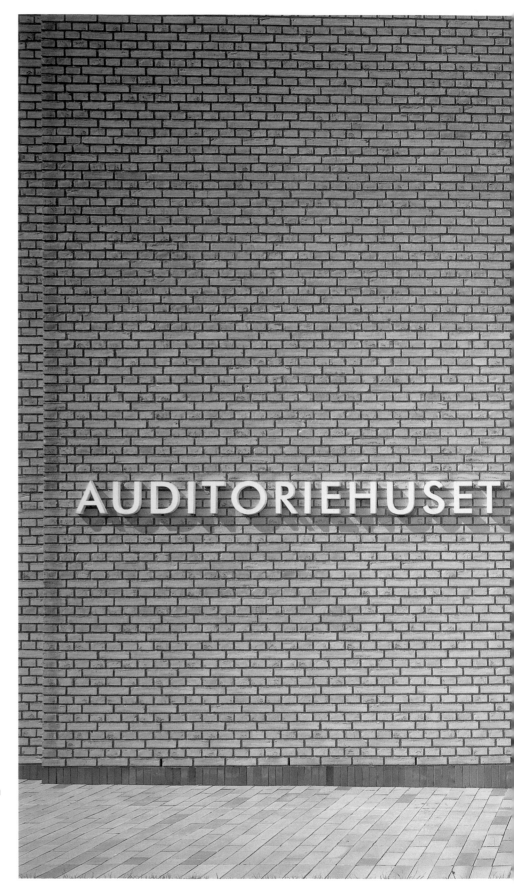

150 Hvis man dengang gjorde sig yderligere tanker om parktræets symbolske betydning, var der mange muligheder i egetræet. I den nordiske mytologi er egetræet knyttet til tordenguden Thor. Det har måske en sammenhæng med det gamle folkelige råd om, at man skal holde sig fra egetræer i tordenvejr. Desuden har egens lange levetid og egeveddets hårdhed gjort egetræet til symbol for udødelighed, ophøjethed, ædelmod og styrke, og det latinske navn for egetræ, »robur«, ligger i det danske ord »robust«. Soliditeten i alle disse udsagn er baggrunden for, at egetræet ofte anvendes som symbol for banker og sparekasser, og egetræ, egeløv og agern indgår i mange by- og kommunevåben. I Romerriget var en krans af egeløv et værdighedstegn for regenterne og en æresbevisning til særligt tapre soldater. I nyere tid indgår egeløvet stadig som symbol i militære udmærkelser, mens egetræet og dets løv også kobles til civile dyder som lokalpatriotisme, borgerånd, selvstændighed og frihed.

I bogen om Sørensen fortolkes Aulaen, vandløbet og egetræet ganske vidtløftigt: »Huset ligger som en klippe, ved hvis fod en kilde springer frem! Symbolikken kan ikke misforstås. Moses maner vand frem i ørkenen, og kilden er naturligvis visdommens. Med visdommens træ og visdommens kilde er man efter det internationale og det nationale nået til det mytiske og overnationale.« Også Universitetsparkens amfiteater, som tilskrives både C.Th. Sørensen og C.F. Møller, får i bogen en subtil udlægning: »Det er vel ikke alle, der

 152

forbinder amfiteatret med Sofokles og kun nogle klassisk filologistuderende tænker på, at et af de mest velbevarede antikke teatre ligger i Dodona, hvor oraklet tolkede vindens sus i et helligt egetræ.« Al denne symbolik lå bestemt ikke på overfladen i universitetets nye, funktionsbestemte arkitektur, men netop det klare og enkle samspil mellem terræn, vækster og bygninger er nok særlig åbent for fortolkninger.

Under alle omstændigheder viste Sørensens monomane idé sig livskraftig. Egeparken, der begyndte som små agern, egenhændigt lagt i jorden af Sørensen og Møller for 70 år siden, er en fuldt udvokset realitet. Nu gælder det pleje og vedligeholdelse af træer, plæner, vandløb og søer. I det arbejde var det vigtigt for både arkitekt og landskabsarkitekt at fastholde nogle lange kig gennem Universitetsparken. I sin bog fra 1978 har Møller vist fire sådanne sigtebælter, der bør friholdes for bevoksning. Det bredeste bælte forbinder Aulaen med sydbredden af den nordligste sø. I retningen mod Aulaen får man her nogle af de mest yndede motiver fra Aarhus Universitet. En synsvinkel med historisk indhold opnår man ved at stå på Ole Worms Allé og se mod nordøst mellem bygningerne for biofysik og fysiologi. Her er baggrunden den første bygning fra 1933. Noget lignende sker, hvis man fra Bartholins Allé ser mod nordvest til de første kollegiebygninger fra 1935. Endelig findes parkens længste kig fra Kaserneboulevarden mod nord til Statsbiblioteket, hvor billedet symbolsk krones af tårnet med bøger. I år 2000 besluttede universitetet,

at de nævnte sigtebælter skulle etableres og bevares ved udhugninger i parkens beplantning.

Parkanlægget består af levende organismer, der skal plejes og begrænses, hvis idéen skal fastholdes. Det samme gælder bygningerne, der har suget noget af parkernes organiske liv.

Hvis man dengang gjorde sig yderligere tanker om parktræets symbolske betydning, var der mange muligheder i egetræet.

ROBUST IDEAS | Four buildings mark the borders of the yellow building style and the use of older buildings in the Park. The latter refers to the main building of the State Maternity Home, which opened again in 2000 after renovation and now contains the Health Sciences Library and Teaching Centre. Earlier it had been planned to demolish this building and to replace it with yellow University buildings. This will be covered in greater detail in Chapter 9.

The large Auditoria House, which was finished in 2001, was the largest single building since the mid-1970s. Its volume and architecture – showing a new orientation in the robust architectural idiom of the University's yellow buildings – deserves closer comment, especially when compared with the very first building from 1933. Although the first building was very modern in its expression, there is no doubt that the building traditions of the day played an important part. Bricks are the dominant material, while the large windows are supported by steel frames – something unusual at the time – and a detail that contributed to the simplicity of the exterior. The tight economy is visible, but the building by no means lacks quality. On the contrary, its modesty is intimately connected to the architecture and the functionalistic idea behind it. The main building of the University, containing the Main Hall, was completed in 1946. This building contrasted in style, and was more monumental than the first buildings. When it had been commissioned the architect was

instructed to be less modest – partly a reaction to previous austerity, and partly an expression of national revival. C.F. Møller was confronted at one time with what was considered its 'romantic inspiration', which is evident in the brickwork construction that supports window and door openings, as well as in the arches at the main entrance and Sun Courtyard – steel not being available during the War.

The Auditoria House displays four quite different facades. Viewed from the north with the lake in the foreground, the building's two gables provide a formation that fits naturally into the contours of the terrain. Viewed from the east there is a graceful interaction between the roofs and the great expanse of brickwork which, by its sheer size, seems almost isolated. The same impression is gained of the great sunken square towards the south, although the brickwork here seems to be mellowed by the slanting angles at the entrance. The Auditoria House shows that a new architectural idiom may develop as a natural extension of the old.

The most recent addition to the University's yellow buildings is the 2002 'Faculty Club' extension to the Conference Centre at The Students House. The robustness of the yellow brick architecture is clearly visible in this new building. The difference between the new and the old brickwork is obvious and will remain so for quite some time. This is a clear sign of the University buildings' continuity, extended into a current minimalistic idiom.

The Steno Museum, inaugurated in 1994, retains – but for one thing – the norms of the original building style. The Museum consists of three houses that are joined together. The house in the centre is the highest, which creates a symmetric unit. This traditional, historic-style element is nowhere else to be found in the buildings in the University Park. In fact it was the lack of this symmetry that was the pioneering novelty of the winning proposal in the architectural competition in 1931.

The first building from 1933, the Main University Building from 1946, the Steno Museum from 1994, and the Auditoria House from 2001, mark the utmost architectural limits of the yellow building style. On the whole, however, there has been a stable period of not less than 48 years – from 1946 to 1994 – where the architecture has varied a little, but without the striking oscillation to be found in the four large buildings. On the other hand, during that period architects have faced ever-increasing demands with regard to quantity, and to some extent this pressure has also influenced the quality. The buildings that house the Departments of Mathematics, Physics and Chemistry, which were erected in the 1960s and 1970s in the western part of the University Park, are built so compactly that the idea of a 'park' University vanishes, and their interior resembles that of a labyrinth.

In 1969-70, some distance away from the University Park and the yellow buildings, a greenhouse was erected in the Botanical Gardens for the Botanical Institute. The winding, organic form of the building may be seen as a reaction to the rigidness of the yellow brick houses in the Park. One can almost sense the architect's enjoyment at being able to express artistic freedom.

The vast area of glass in the yellow buildings has been discussed since the 1930s. When extensions were to be made to the original buildings in the 1960s, there was, according to C.F. Møller's book, a 'smear campaign against large window areas'. Over a number of years experiments with different types of sun shading have been conducted. The first marquises were seen in 1959 and today mechanically operated marquises in yellow duck material have provided a workable solution, but not entirely to C.F. Møller's satisfaction as the buildings 'have been given a horizontal layered character that is stronger than originally envisaged'.

Changing functions in the University have of course led to various changes in the buildings over the years, the most dramatic being the demolishing in the 1970s of the Professor Houses and the Large Auditorium that formed part of the University's main building. These dramatic moves were necessary to make room for expansions to the University in the north-eastern corner of the grounds. While it was with some sadness that these houses were demolished, the timing – 1970 – was symbolic: it was in 1970 that Parliament passed a new Statute for the Universities, which abolished the 'Absolutism of the Professors'.

From the early 1940s, a sketch from C.F. Møller's drawing office shows a University Park layout quite different from what was later to become reality. The State Library was first conceived in 1944, 20 years before it was actually built, the inspiration being a Naval Tower in Korsør. At the request of a leading professor, a Mathematic Institute in the form of a 'Glass Tower' was discussed – it was the intention to place this in the middle of the lake. Diplomatically, C.F. Møller avoided the idea with the excuse that there was quicksand in the subsoil under the lake.

'The Learned Society' was formed in 1945 as a forum for discussions and lectures. The members of the Society were to be representative of the 'most excellent scientific knowledge' in their respective fields. The model was the venerable 'Scientific Society' of Copenhagen, which had been formed in 1742. The Learned Society has been seeking its own facilities and some sketches from the early 1970s show different layouts, but until now no firm steps have been taken.

Already before 1933 it had been C.F. Møller's idea that the Northern Ring Road should be moved to the north so that the area north of the road could become an integrated part of the Park. Møller had tried to convince the Mayor of Aarhus, Jakob Jensen, of the immense advantage of his idea, but Mr Jensen did not share his enthusiasm. Møller cited Jensen for having answered: 'Young man, if you are displeased with the conditions which I can provide for you, it only takes a five øre postcard to get another architect'. While the idea was not pursued, it did not die either. In 1978 Møller described in detail what the solution could have been, but nowadays, when driving through the University area, the aesthetic value of the proposal is no longer obvious.

Just as the homogeneous yellow architecture is to a great degree the result of the architects' pursuing an idea that was criticized tremendously at first, the planting of the University Park exclusively with oak trees is an expression of monomania, which at times has also met a lot of criticism. C.Th. Sørensen's idea of planting only oak trees was not popular in local society. Therefore, Sørensen kept a low profile and his suggestions were always presented by C.F. Møller. Sørensen had a deep respect for nature and his reasons for wanting oak were many. The oak had robust roots, was good near buildings, and its foliage casts a light shadow that is comfortable in the Park. The symbolism surrounding the oak is plentiful. Most important is the clear interplay between terrain, plants and buildings, which leaves room for interpretation. In all circumstances, Sørensen's monomanic idea was vigorous. The oaks that began as small acorns 70 years ago are now magnificent fully-grown trees. The Park consists of living organisms that need care and limitation if the idea is to be maintained, and the same applies to the buildings, which have absorbed some of the organic life of the Park.

I Hovedbygningens lange gange var væggene af blank mur i gule
sten noget helt usædvanligt i 1940'erne. Gangene er stadig en af
universitetets mest karakteristiske rumtyper. I nyere tid er der
foretaget forandringer ved loftsbeklædningen

med den gule tagsten, der for første gang blev anvendt i større mængder ved Aarhus Universitet. Den gule tagsten er ikke blot vanskelig at fremstille, den er også mindre holdbar end den røde. Herom vidner en hel del tagrenoveringer ved universitetets gule bygninger.

Universitetets første bygning fra 1933 (nu bygning 340-342) blev opført med fuldmur, dvs. at både for- og bagmur var af tegl ligesom alle skillerum, der var pudsede og strøget med hvidtekalk. Det var en byggeteknik, som man havde brugt i århundreder. Under projekteringen af bygningen i 1932 skrev C.F. Møller et brev til Kay Fisker, hvori Møller beretter om sit besvær med at finde anvendelse for hele gaven af mursten. »I Haab om at naa Millionen« lod han ydermurene udføre en halv sten tykkere end nødvendigt, og alle skillerum og kælderydervægge udførtes som murværk. Alligevel blev der kun brug for ca. 800.000 mursten og 29.000 tagsten. En af de væsentlige nye detaljer i denne bygning var, at murværket over vinduesåbningerne er båret af jernbjælker. De er usynlige, fordi de er dækket af facadesten, og hensigten var netop at opnå vindueshuller med helt rette kanter. Traditionelt bæres murværket over et hul af et »stik«, som er mursten stillet på kant i en svagt opadgående bue, der overfører belastningen til hullets sider. Den teknik var man tvunget til at bruge, da Hovedbygningen blev opført under 2. verdenskrig, som forhindrede leverancer af jern. I det hele taget repræsenterer Hovedbygningen en ældre byggeteknik end de tidligere byggerier.

Bygningerne fra midt i 1960'erne til institutterne for geografi og geologi (bygning nr. 110 og 120), var de sidste med fuldmuret konstruktion. Byggebranchen var i den periode udsat for en voldsom udvikling af nye materialer og konstruktioner, som også – i afdæmpet form – fik indpas i parkbyggerierne. Facader blev derefter opmuret med skalmur, dvs. at kun facadens yderste del består af mursten, mens konstruktionen bagved er isolering og en bagmur i reglen af betonelementer. Men uanset ændringer gennem tiden er der et uforanderligt grundlag i parkbygningerne, et modulsystem hvis mindste element er murstenen. Dens nutidige format er 23 x 11 x 5,5 cm. Det betyder, at det mindste, vandrette modulmål er 12 cm, idet der skal medregnes 1 cm fuge. De vandrette murmål, der altid bør være multiplum af 12 cm +/- en fuge, afhængigt af om målet gælder et hul eller en pille, er afgørende for, at man opnår et ordentligt murværk. Et praktisk, lodret modulmål er 20 cm, der svarer til tre skifter inklusive fuger, og i godt murværk går lodrette mål op med hele antal skifter.

For parkbyggerierne er de overordnede, vandrette moduler ligefrem nedfældet i Lokalplan nr. 376, der omtales nærmere i »Bevaring og forandring«. I lokalplanens §7, stk. 2 hedder det: »Vinduer og døre skal placeres som selvstændige enheder svarende til bygningernes modulopdeling på 240, 300 eller 360 cm.« – altså mål der er delelige med 12. I samme paragraf står der om murværket: »Murflader skal være forenklede uden gesimser, fordakninger

*Men det fortæller noget om murværkets robusthed
og fleksibilitet, at buerne blev hængende
trods den manglende understøtning.*

160 [fremspring over vinduer eller døre], pilastre [flad pille på en mur] eller ind-
fatninger, udført af gule, håndstrøgne mursten med dybt tilbageliggende
fuger.« Bestemmelsen skal dels forhindre tilbagefald til historicistiske orna-
menter, dels skal den sikre stenkvaliteten og fugningen, der begge er bestem-
mende for netop den karakter, som parkbygningernes murværk har. Hånd-
strøgne sten kunne åbenbart stadig foreskrives i 1993, men i praksis har man
siden anvendt en blødstrøgen sten (maskinfremstillet sten med håndstrøgen
karakter). Det er også væsentligt for helhedsindtrykket, at tagnedløb er ind-
murede, dvs. usynlige, og det er nævnt i §7, stk. 2. Ved den første bygning lå
tagrenderne oprindeligt helt inde over facademuren, men det gav fugtpro-
blemer i murværket, og detaljen måtte ændres til den nuværende. Derimod
er det ikke nævnt i lokalplanen, at vinduer skal placeres ca. 3 cm bag facade-
flugten, en detalje der er alligevel er gennemført overalt, og som har stor
betydning for facadernes relief.

Murværket er den mest robuste bygningsdel. De dele af Hovedbygnin-
gen, som er opført på tværs af moræneslugten, står imidlertid på opfyld, der
ydermere er fugtigt trods rørlægningen af bækken under bygningen. Det har
givet problemer både ved bygningens opførelse og senere. Et håndgribeligt
billede af situationen fremgår af, hvad arkitekter fra C.F. Møllers Tegnestue
fortæller om de fritstående buer langs Nordre Ringgade. I en periode kunne
man hvert 3-5 år stikke et skifte mursten ind under visse søjler, fordi bunden

synker i dette område. Højden på et skifte er 6,5 cm, altså en betragtelig
revne i noget så stabilt som murværk, men det fortæller noget om murvær-
kets robusthed og fleksibilitet, at buerne blev hængende trods den manglen-
de understøtning. Den levende undergrund på denne strækning af Nordre
Ringgade kan også opleves direkte af opmærksomme trafikanter i bil. Når
man passerer stedet ud for Aulaen, hvor tunnelen går på tværs af gaden, kan
man mærke et lille bump i vejbanen.

De gule tagsten til Aarhus Universitet kom oprindeligt fra Emiliedal Tegl-
værk i Skåde, senere også fra andre teglværker i Århus-området, hvor man i
en periode hvert år reserverede en vis mængde tagsten til universitetet. Det
særlige ved de oprindelige tagsten var, at den i begyndelsen lyst gulgrønne
overflade med tiden patinerede til den gulgrå tagfarve, som danner en diskret
kontrast til de lidt lysere facader. Men som nævnt foran har den gule tagsten
ikke nogen lang holdbarhed. C.F. Møller efterlod nogle retningslinier for de
gule bygninger, som kaldes hans »testamente«. I skriftet, der omtales nærme-
re i »Bevaring og forandring«, nævnes det, at tagstenene skal være »af den
specielle brænding, der hidtil er anvendt.« Denne anvisning har man derfor
ikke kunnet følge ved de efterhånden mange udskiftninger af tagsten. Da den
oprindelige Århus-tagsten gik ud af produktion, brugte man på Hovedbyg-
ningen forsøgsvis en tagsten med en kemisk fremkaldt, gulgrøn overflade på
en rød kerne, men den overflade havde kun en kort holdbarhed. Ved de sene-

ste udskiftninger har man anvendt tyske tagsten, der f.eks. kan ses på de renoverede tage ved kollegierne 1-3, og som desuden er anvendt ved opførelsen af Auditoriehuset i 2001. Disse tagsten har, mens de er nye, en tydelig rødlig kulør, som ligger ret langt fra de oprindelige intentioner om tagfarven, og sammen med arkitekterne kan man kun håbe, at stenene vil patinere i den rigtige retning.

Fra arkitekternes side er der konstant blevet værnet om de ubrudte tag- og murflader. Således er retningslinierne for udformning og placering af ventilationskanaler nedfældet i både *C.F. Møllers testamente* og *Lokalplan nr. 376.* Ventilationshætter over tag skal placeres sammenhængende langs tagrygningen, og »Ventilationsmursten kan anvendes på bygningsgavle med udformning som et midtaksecentreret felt pr. bygningsgavl.« Sådan står det i lokalplanen, der interessant nok lægger vægt på symmetri i gavlene – et krav, der dog ikke er efterlevet overalt. Ventilationssystemerne er desuden synlige i de små bygværker af tegl, som findes rundt om i plænerne. De kan have form som cylindre af gennembrudt murværk eller små tøndehvælv af tegl, der bidrager til stedets atmosfære som selvstændige skulpturer med en lidt dunkel funktion.

Med murstenen og tagstenen som mindste fælles mål er alle bygninger i parkerne rettet ind efter et koordinatsystem, hvis to retninger afviger ca. 20° fra verdenshjørnerne. Denne systematik, der bogstavelig talt har været ret-

ningsgivende for Aarhus Universitet, var ikke tilstede i vinderforslaget til konkurrencen i 1931, selvom denne form for ensretning netop var karakteristisk for modernismens større bebyggelser. Forslagets forskellige alternativer viste bygninger, der havde retninger dels efter de omgivende veje, dels efter verdenshjørnerne. Ikke før ved detailprojekteringen af den første bygning for fysik, kemi og anatomi, kollegium 1 og professorboligerne valgte man bygningernes orientering, der blev bestemt af retningen på den daværende Niels Ebbesens Vej (nu Nørrebrogade). Udover selve retningerne ligger det, som nævnt tidligere, også i systematikken for parkbygningerne, at høje bygninger er placeret parallelt med Nørrebrogade, mens lave bygninger er placeret vinkelret på de høje bygninger. Men der er afvigelser fra dette princip. F.eks. må man betegne bygningerne langs Nordre Ringgade som høje – ikke mindst Bogtårnet – men dette kompleks har både arkitektonisk og strukturelt fået en bevidst særstatus.

Trods de forskellige afvigelser har princippet for placering af høje og lave bygninger stor betydning for oplevelsen af fasthed i det samlede bygningsanlæg, men reglen om, at alle tage er ligebenede sadeltage med 33° hældning, er helt afgørende for indtrykket af både helheden og den enkelte bygning. Som nævnt tidligere er der kun én enkelt afvigelse fra denne regel, idet Naturhistorisk Museums bygning – umærkeligt – har en taghældning på 40°. Der var flere årsager til valget af netop de 33°. Ud over den førnævnte inspira-

bygninger henholdsvis med eller uden laboratorieinstallationer, hvilket har betydelig indflydelse på udgifterne til både anlæg og drift. Hustypen med midterkorridor er desuden brugt ved kollegierne, hvor husdybden da er ca. 10,5 m.

Varianter af typen opstår, når korridoren ikke ligger midt i bygningen, som det f.eks. forekommer i den såkaldte »biologikæde« midt i Universitetsparken, hvor rummene mod syd og vest er lidt dybere end rummene mod nord og øst. Endelig findes en variant i form af bygninger med sidekorridor, dvs. at brugsrummene kun er placeret på korridorens ene side. Denne slanke hustype betragtes normalt som uøkonomisk, fordi den har en forholdsvis lille husdybde, men typen er anvendt i hele Hovedbygningen og i »det nordøstre hjørne«. Det var der belæg for i trafikstøjen fra Nordre Ringgade og Nørrebrogade, der dæmpes af korridorerne og deres forholdsvis beskedne vinduesarealer. Det lette og elegante ved denne hustype fik også oprindeligt anerkendende bemærkninger, f.eks. ved professor Andreas Blinkenbergs beskrivelse af planerne for den kommende Hovedbygning i *Den jydske Akademiker 1941/9:* »Det valgte Sidekorridor-System i Forbindelse med Bygningens Højde giver det Indtryk af Slankhed, der behersker hele Planen.«

En anden, udbredt hustype er »auditoriehuset« (ikke at forveksle med det store byggeri af samme navn fra 2001). Det er en mere eller mindre fritliggende bygning, hvori rummet, auditoriet, spænder over hele husdybden.

Arketypen for et »auditoriehus« var disputatsauditoriet eller »store auditorium«, der lå ved den østlige del af Hovedbygningen, og som blev nedrevet 1973 for at give plads til »det nordøstre hjørne«. Det stadigt eksisterende »store auditorium« ved Anatomisk Institut fra 1958 har i sin rumform og den stejle terrassering af stoleraderne et vist slægtskab med arketypen. Mindre udgaver af typen ses f.eks. ved Fysiologisk Institut, og auditoriet ved Fysisk Institut fra 1975 har et for datiden eksklusivt udstyr med pultbelysning ved hver tilhørerplads og et krumt shedloft med indirekte belysning. I nybyggerierne fra omkring årtusindskiftet, Det Teologiske Fakultet, Nobelparken og Auditoriehuset, indgår flere store auditorier, der altså ikke som tidligere ligger i selvstændige bygninger. De nye auditorier har til gengæld en rigere rumlig udformning og et mere avanceret teknisk udstyr end de gamle.

Parkbyggerierne fra 1900-tallet blev i overvejende grad »tegnet udefra«, som man siger i fagsproget, dvs. at udformningen af facaderne og husklumpen havde højere prioritet end de indvendige rum. I sin bog om C.F. Møller skriver Nils-Ole Lund, at »… heri ligner universitetet den samlede danske arkitektur …«, og han mener, at universitetet kun har to usædvanlige rum, nemlig Aulaen og Vandrehallen. Endnu en rumtype, de lange gange i Hovedbygningens og »det nordøstre hjørnes« slanke bygninger, bør dog også fremhæves. Her er gulvene belagt med gule klinker, væggene står i blank mur af den gule facadesten, der var oprindeligt lydabsorberende listelofter, som nu

En betydelig del af parkbyggeriernes rumfang
findes under jorden, så man kan tale om
»det underjordiske universitet«.

er af malet metal, og dørene med indfatninger er af lyst, lakeret bøgetræ. Med disse enkle midler, og et jævnt fordelt dagslys fra den faste vinduestakt, er der fremkaldt en helt speciel, lidt højtidelig atmosfære og en dæmpet akustik, som gør den lange vandring gennem gangene til en behagelig oplevelse. Det skyldes måske, at her er den udvendige arkitektur kommet indendørs. Og i 1940'erne var gangvæggenes blanke murværk noget meget usædvanligt, som ifølge C.F. Møller »gav anledning til diskussion i byggeudvalget og et responsum fra stadsarkitekten«.

Det homogene spil over ét og samme tema, som har gjort det ydre af det gule universitet så berømt og værdsat, fortsættes normalt ikke, når man kommer ind i bygningerne. Rummene kan være forskellige i indretning og udstyr, men i reglen har de almindelige, rektangulære former. De gode undtagelser findes, hvor der er forbindelse gennem etagerne eller indskudte etager som f.eks. ved det meget kompakte men også intime bibliotek i Fysisk Institut. Det er også påfaldende, at indgangspartierne til universitetets mange afsnit normalt har en meget afdæmpet udformning, som følger med ind i forrummene. Her spiller kunstværker som et vægrelief ofte en dominerende rolle, mens selve rummet har en ret anonym form.

En betydelig del af parkbyggeriernes rumfang findes under jorden, så man kan tale om »det underjordiske universitet«. De fleste bygninger har en almindelig kælder, der anvendes som sådan, dvs. til arkiver, teknik og andre

birum. Men desuden findes der to store, underjordiske komplekser, som ikke følger bygningernes omrids. Kældrene under Statsbiblioteket hører ganske vist ikke til universitetet, men under Bogtårnet er der tre kælderetager, der allerede i 1955 blev støbt som bombesikre rum. Dertil kom i 1975 en udvidelse af kælderen under parken mellem de to grupper af kollegier. Udvidelsen, som rummer Statens Avissamling, blev gennemført under protester fra bl.a. kollegiernes beboere, men dens eksistens anes knapt i dag, da dens eneste synlige del over jorden er et trappehus mellem kollegierne.

Samme år foregik et endnu større støbearbejde i beton, da den såkaldte »tandemkælder« ved Fysisk Institut blev bygget. Kælderen spænder stort set over arealet mellem Fysisk Institut og Kemisk Institut og rummede oprindeligt en tandemaccelerator, hvormed man kan studere atomers og atomkerners opbygning. Senere er kælderen og dens udstyr udvidet med en lagerring kaldet *ASTRID,* et akronym der står for *A*arhus *ST*orage *RI*ng in *D*enmark. Kælderens metertykke betonkonstruktioner tjener som strålingssikring mod omgivelserne. Støbearbejdets omfang illustreres af, at al den beton, der kunne produceres i Århusområdet gennem tre døgn udelukkende gik til tandemkælderen.

Selvom rummet under Solgården ved Aulaen ligger over terræn, må det alligevel betegnes som en kælder, for det får intet dagslys. Rummet blev til som følge af byggeskader. Oprindeligt lå Solgårdens klinkebelægning på ca. 10 meters opfyld, der blev holdt på plads af de omgivende bygningers funda-

menter og af støttemuren vest for Aulaen. Det vældige jordtryk pressede støt-temuren udad og klinkebelægningen sank. Dette og andre sætningsskader gjorde det nødvendigt, at jordfyldet i 1971 blev fjernet, hvorefter det frigjorte rumfang blev indrettet som to høje etager beregnet for Klassisk Arkæologis gipssamling. Som led i en modernisering af opstillingerne i 1986 skiftede samlingen navn til »Antikmuseet«, der stadig findes under Solgården. Museets snævre adgangsforhold i kælderregionerne ved Aulaen er ikke tilfreds-stillende, men en forbedring er vedtaget og projekteret. Den nye indgang placeres i passagen under Hovedbygningen, hvor der vil blive let adgang fra både Nordre Ringgade og Universitetsparken.

Gangtunneller er et karakteristisk træk ved »det underjordiske universi-tet«. Tunnelen under Nordre Ringgade fra Hovedbygningen til Studenternes Hus blev gennemført 1965 som en livline mellem de to dele af universitetet på tværs af den voksende biltrafik på gaden. Med sit dunkle, slyngede forløb og gule teglvægge er den et spændende modspil til den lyse, overjordiske arkitektur. En tilsvarende trafikal funktion har tunnelen under Nørrebrogade, som forbinder Kommunehospitalet og Universitetsparken ved Bartholin-bygningen. Tunnelen, der blev etableret 1994, er dog et kommunalt anlig-gende. Tunnelen mellem »det nordøstre hjørne og »øen« fra 1972 havde baggrund i en fælles anvendelse af lokaler for henholdsvis Det Humanistiske og Det Samfundsvidenskabelig Fakultet.

Aviser, kernefysik, antik kunst og snurrige forbindelser hører med til det solide rodnet for parkbyggerierne, der flere gange i disse tekster er sammen-lignet med en levende organisme. Egetræet, der efterhånden er blevet par-kens dominerende og magtfulde vækst, får også sin robuste styrke fra et vidt-forgrenet rodnet.

TILES AND TYPES | The materials and construction type chosen for the first University buildings in Aarhus were determined by gifts, including one million bricks from the United Brick Works. The architectonic degree of freedom was therefore limited, but despite this, the buildings came to express not only Danish building traditions, but also the new style – functionalism. This also led to the designation 'the functional tradition' which is exactly what the buildings express. C.F. Møller once cited a critic who wrote: 'The buildings radiate a fear of maintenance'. Due to the lack of funds, it was indeed the wish of all involved to keep maintenance at a minimum, but the clean – almost clinical – impression of the first buildings was also part of functionalism.

For centuries red bricks and red roof tiles had been the preferred material in the Danish building tradition, so the yellow bricks and roof tiles were a clear contrast. Møller had been inspired by a painting of a Tuscan town, San Gimignano, where brickwork and roofs were the same grey-yellow colour. Møller pointed out in an interview in 1987: '… the yellow roof tiles seemed to elevate the house above that of an ordinary highschool'. Later the same year he said: 'We had to choose between yellow and red bricks, and chose yellow. To cover yellow brickwork with red roof tiles would be banal, and therefore I ordered yellow tiles'. But, in many ways, yellow bricks and yellow roof tiles are more difficult to produce than red, due to the type of clay used and its properties.

During the design phase Møller wrote in a letter to Fisker that he found it rather difficult to make use of all the one million bricks which had been donated to the project. In an attempt to do this he used half a brick more in the outer walls than necessary, and all dividing walls and outer walls in the basement were of brick. Despite his efforts, though, he only managed to use 800,000 bricks and 29,000 roof tiles.

Traditionally, the brickwork above window and door openings is supported by an arch-type construction which transfers the weight to the sides of the opening, but in the first University building steel beams were an important new detail. These beams are invisible because they are covered by facade bricks. At that time, however, nobody thought about the problem of corrosion in the steel beams, which has resulted in the need for extensive maintenance over the years.

When the University Main Building was being erected during the War years, steel was not available and therefore they were forced to use the brick arch-type construction. The workmanship in these arches, especially in the Main Hall, has been carried out so artistically that they became important decorative elements in the building.

Buildings constructed for the Departments of Geography and Geology in the mid-1960s were the last to be build in a full brick construction. During that period the building branch was undergoing rapid development with the introduction of new materials and construction methods, which also found their way – albeit in a subdued manner – into the University Park.

As mentioned, many changes have been introduced over time but there is one element which has remained unchanged, i.e. the size of the brick itself. With its modern dimensions 23 x 11 x 5.5cm this means that the smallest horizontal module is 12cm. The rules for brickwork are to be found in Statute No. 376, together with a number of detailed specifications regarding the appearance of the University's buildings. Such statutes were introduced to keep future architects on the right track, but also to ensure that brick quality and joints maintain the character of the Park buildings.

Originally the yellow roof tiles – of a special firing – were produced locally, but unfortunately the local supplier went out of production. This presented a problem as it is well known that the yellow tiles have a relatively short lifetime, necessitating their replacement from time to time. Therefore a new supplier had to be found, and in recent years a German brick factory has been supplying the roof tiles. However, as in all previous attempts to reach the right yellow-grey colour, it has been extremely difficult to attain the exact hue contained in the original tiles. The new tiles with their reddish hue do not – as yet – come close to that desired, but hopefully time will help the new product to age in a way that makes it more acceptable.

With tiles and bricks as the smallest common denominator, all the buildings in the Parks are directed in a co-ordinated system, whose two directions deviate approximately 20° from the four points of the compass. Although this basic concept has been maintained for the University, it did not come from the winning proposal in the architectural competition in 1931, despite this being a distinctive part of modernism.

The 33° inclination of the saddle roofs has always been a very important element in the design. Møller was aware that it would be difficult to utilize the attic space – the roofs being relatively low. This being so, there was no great need for roof windows which would, anyway, interrupt the effect of the large, tiled roofs. In the course of time, however, several attic rooms with small oval windows have been introduced. These windows fall quite naturally into the tiled surfaces of the roofs.

A third principle was the 'bayonet transfer', which means a staggering in the vertical and horizontal direction of attached, parallel buildings, originally inspired by the functionalism of the Bernau School. In an article about the spiritual background for the architecture of modernism, Professor Jørgen Sestoft has in an article in *Arkitekten 5,* 1992 described what he calls the 'staggered equilibrium', referring to 'mill-wing plans' which are composed of buildings, whose direction is staggered somewhat in relation to a common centre. The spiritual origin can be traced to Walter Gropius who designed the main building for the Bauhaus School in Dessau in 1925 – but also to 'de stijl',

a Dutch group of artists who studied modern compositions, not least in the graphical sphere, and found that geometry could be considered as a spiritual method towards new acknowledgement. Other groups in the early part of the 1900s also connected the arts and spirituality, but information about this is not easily found in the literature.

The mill-wing principle is actually found at the Departments of Physics, Mathematics and Datalogy, as well as at the Museum of Natural History. The motive of staggered prisms of yellow tiles is found in various house types. One is the 'Office House' type, widely used for laboratories where, among other technical objects, special ventilation installations are visible in the walls of corridors. Another is the 'Auditoria House' type (not to be confused with the large Auditoria House from 2001), the archtype of which was the 'Great Auditorium' that was demolished in 1973, but the large present-day auditorium at the Anatomic Institute bears resemblance.

Another special type of room needs to be mentioned. The long corridors found in the Main Building and in the narrow buildings of the north-eastern corner all have yellow facade bricks, floors of yellow tiles, and ceilings which now have sound-absorbing painted steel panels that have replaced the original wooden cladding. In the 1940s these corridors were seen as very unusual and, according to Møller, 'caused discussions in the building committee and a response from the city architect'.

The buildings in the Park also have 'underground' sections – not all of which belong to the University. In 1975 the basement was expanded and the 'State Newspaper Collection' is now placed there, but also the so-called 'Tandem Basement' which, together with ASTRID, is part of the equipment used in the study of atoms and their nuclei. This construction is so massive that the concrete used for it exhausted all the production capacity available in Aarhus over a three-day period.

So, the 'Underground University' contains not only twisting tunnels connecting the buildings, but also a newspaper collection, equipment for the study of nuclear physics, and a collection of gypsum figures belonging to the Institute of Classical Archaeology. Together these underground facilities provide a solid network of roots for the Park buildings.

9

*Om ad hoc-planlægningen af universitetets første byg-
ninger – om »Edmund Hansen-planen« fra 1976 og
diskussionen om fredning – om Lokalplan nr. 376 – om
det skiftende syn på den tidligere Fødselsanstalt – om
resterne af kasernerne – om »C.F. Møllers testamente« –
og om bygningsbevaringen med ny teknik og under nu-
tidens EU-direktiver.*

BEVARING OG FORANDRING | Ikke før i 1960'erne, altså efter ca.
30 års byggeri, begyndte staten og kommunen at stille krav om mere langsig-
tede udbygningsplaner for Aarhus Universitet. Indtil da havde C.F. Møllers
Tegnestue dog arbejdet med flere planer for den løbende udbygning. I 1964
godkendte Århus Byråd en bebyggelsesplan for Universitetsparken og Venne-
lystparken. Alligevel var Undervisningsministeriets byggeadministration usik-
ker på planens holdbarhed, og i 1966 nedsattes en arbejdsgruppe, der skulle
foreslå en langsigtet udbygningsplan under hensyn til både byggeriernes
arkitektoniske helhed og til de to parker som offentligt, rekreativt område. Ar-
bejdsgruppen, der fik navn efter formanden, Edmund Hansen, der dengang
var Boligministeriets kommiterede i byplansager, fremlagde i 1968 en bebyg-
gelsesplan for Universitetsparken, men konstaterede samtidig, at universite-
tets udbygningsønsker ikke kunne opfyldes inden for dette område og de til-

stødende militære arealer. Som tidligere nævnt opstod desuden omkring
1970 idéer om oprettelsen af et uddannelsescenter i forbindelse med egns-
planens foreslåede B-center ved Lisbjerg. Disse idéer, der betød, at dele af
universitetet i givet fald skulle flyttes til Lisbjerg, fik støtte fra et udvalg under
Undervisningsministeriet, mens en konsulentgruppe fra Arkitektskolen i Århus
argumenterede for, at universitetets udbygning kunne finde sted i og om-
kring de to parker.

I denne usikre planlægningsfase fortsatte Edmund Hansen-udvalget be-
handlingen af de byggesager, der fulgte af de løbende behov. Den form for
ad hoc-planlægning kunne imidlertid ikke accepteres af Århus Byråd, der kræ-
vede at få forelagt en endelig udbygningsplan omfattende alle byplanmæssi-
ge aspekter. Udvalget, suppleret med stadsarkitekt Svend Pedersen og stads-
ingeniør Johannes M. Sørensen, fik overdraget opgaven at udarbejde planen,
der lå færdig i juli 1976, og som siden er kaldt »Edmund Hansen-planen«. På
det tidspunkt var de store idéer om Lisbjerg-centret opgivet, bl.a. under ind-
tryk af oliekrisen i 1973 og dens konsekvenser for samfundsøkonomien. Men i
første halvdel af 1970'erne gennemførtes også nogle af universitetets største
byggerier, Fysisk Institut og »det nordøstre hjørne«, som en følge af truslen
om udflytning. Den offentlige, kritiske debat om især det sidstnævnte bygge-
ri, der er omtalt i »Kanoniseringen«, var en del af baggrunden for byrådets
krav om mere faste retningslinjer for universitetets byggerier.

175

Edmund Hansen-planens retningslinjer for bebyggelse var derfor hoved-sagelig en konstatering af kendsgerninger. Forslagene til nybyggeri indskræn-kede sig til enkelte husblokke, hvor nu Steno Museet ligger, nogle tilføjelser til »biologikæden« midt i Universitetsparken, en ny fløj ved administrationen samt nye bygninger på Fødselsanstaltens areal, hvor alle gamle bygninger i-følge planen skulle fjernes – også hovedbygningen. Planen var så meget de-sto mere koncentreret om trafikale forhold. Universitetsparken var plaget af en del gennemkørende trafik, og planen foreslog derfor, at de gennemgåen-de veje blev afbrudt, hvorved parkens midterste del kunne blive bilfri. Til gen-gæld angav planen et meget detaljeret og stort udlæg af parkeringspladser. Arbejdsgruppen bag planen anbefalede, at den blev formelt vedtaget som en byplanvedtægt, men i 1975 fik man loven om kommuneplanlægning og dens bestemmelser om lokalplaner. Denne nye planform blev derfor det red-skab man sigtede imod, men i mellemtiden fungerede Edmund Hansen-planen stadig som »byggeloven« i parkerne.

Efter de vældige byggerier og rokeringer i 1970'erne kom en stille perio-de, som varede indtil opførelsen af Steno Museet 1993-94. Da byggemulig-hederne inden for parkerne efterhånden var begrænsede, handlede også de efterfølgende planer mere om registrering og konservering end om udvikling. *Lokalplan nr. 122* for den vestlige del af Universitetsparken blev vedtaget i 1980. Dens formål var, dels at legalisere nedrivningen af Høegh-Guldbergs

Gade Kaserne, dels at fastlægge rammerne for et begrænset nybyggeri i om-rådet. Kasernens bygninger blev fjernet i 1981, bortset fra den sydøstligste (bygning nr. 090). Denne bygning i rødt murværk er nu – foruden hovedbyg-ningen fra den tidligere Fødselsanstalt – den eneste bygning, der afviger fra parkbyggeriernes retningssystem og farveholdning. Derimod blev lokalpla-nens angivelser af nybyggeri aldrig gennemført. Det drejede sig om nogle tilføjelser til Matematisk Institut og til »biologikæden« samt en udbygning af institutterne for geologi og geografi, hvor nu i stedet Steno Museet ligger.

Lokalplan nr. 122 tjente et kortvarigt formål og blev derfor aflyst med *Lokalplan nr. 376* fra 1993. Den er klart defineret som en »bevarende lokal-plan«, der skal sikre den arkitektoniske helhed og det offentlige parkområde i begge parker. Planformen blev valgt, fordi den en fleksibel. Dens retningslin-jer er opstillet »… ikke for at bevare området som et museum til minde for en tidsepoke, men for at bevare det som et levende, arbejdende miljø …« I pla-nens indledning fortælles det, at man »… har drøftet muligheden for en fred-ning af bygningsanlæg og omgivelser efter bygningsfredningslovgivningen, hvilket formentlig kunne gennemføres for samtlige eksisterende bygninger, selvom de for størstedelens vedkommende er under 50 år gamle.« Frednin-gen blev opgivet, dels fordi den ville være for stram, dels fordi nye bygninger ikke ville være omfattet af den. I bogen *Planer og grundlag,* udgivet af Aarhus Universitet 1995, beskrives retningslinjerne for universitetets langsigtede ud-

vikling, og heri udtrykkes en generel støtte til indholdet i *Lokalplan nr. 376,* samtidig med at man understreger universitetets behov for udvikling. Det er netop den situation, der ville gøre en fredning uhensigtsmæssig.

Interessant nok er det også en del af formålet med *Lokalplan nr. 376* »at bevare Fødselsanstaltens hovedbygning.« Fra 1976, da Edmund Hansen-planen bestemte, at bygningen skulle fjernes, og frem til 1993 var der altså sket et skred i opfattelsen af det bevaringsværdige. Bygningen ligger som nævnt lidt på sned i forhold til de gule bygningers retninger, og den var i tidens løb blevet udstyret med flere mindre tilbygninger, som ikke respekterede hovedbygningens stramme herregårdssymmetri. Dette skæve og lidt forbyggede kompleks huede ikke C.F. Møller, der heller ikke havde megen sympati for den nybarokke arkitektur i hovedbygningen. Den blev opført 1910 med arkitekten Chr. Edvard Sylow, der ellers havde sit virke i København og på Sjælland. Lige til sin død i 1988 ønskede Møller, at bygningen kunne fjernes og erstattes med bygninger i universitetets gule teglarkitektur. Men i slutningen af 1900-tallet var den almindelige miljøbevidsthed vokset, og sammen med den en vældig veneration for gamle bygninger, der er blevet kaldt »bevaringsbølgen«. På den bølge red Fødselsanstaltens hovedbygning ind i sit nye liv, da den i år 2000 blev renset for sine tilbygninger og blev rammen om »Det Sundhedsvidenskabelige Bibliotek og Uddannelsescenter« med navnet »Victor Albeck-Bygningen«. C.F. Møllers Tegnestue forestod renoveringen,

der som helhed fremhæver bygningens stiltræk, ligesom væsentlige detaljer indendørs er bevaret, f.eks. den centrale trappe. Nye tilføjelser i interiørerne er holdt i en minimalistisk stil, der hører nutiden til, og som underordner sig den gamle arkitektur.

Enkelte ældre bygninger med en vis lokalhistorisk værdi forsvandt ved samme lejlighed. Det gælder f.eks. den såkaldte generalsbolig, der var opført 1901 til chefen for 2. generalkommando, og som i 1916 blev overtaget af Fødselsanstalten. Huset, der var tegnet af den århusianske arkitekt Sophus Kühnel, var stort og stateligt og rummede i de sidste år inden nedrivningen i 1998 en tegnestue for Kommunehospitalets arkitektafdeling. Overlægeboligen nord for hovedbygningen, husede fra 1982 Medicinhistorisk Museum. Bygningen blev revet ned i 1993, og samlingen indgik derefter i Steno Museet. Forskellen mellem gammel og ny arkitektur blev særlig påfaldende, da der frem til 1965 umiddelbart vest for Fødselsanstaltens hovedbygning blev opført en bygning efter normer og retninger for den gule arkitektur. Den rummede indtil anstaltens nedlæggelse i 1996 en gynækologisk afdeling og var forbundet til hovedbygningen via en mellembygning, som blev fjernet ved renoveringen. Nu anvendes bygningen af samfundsmedicinske institutter.

Bevaringsværdien af Langelandsgades Kaserne, der blev opført 1887-88 efter tegninger af arkitekterne Müllertz og Kühnel, var omdiskuteret. I beva-

ringskredse mente man, at Høegh-Guldbergs Gades Kaserne arkitektonisk rangerede højere. Disse bygninger fra 1875-79 tegnet af arkitekten Carl Lange havde generelt gode proportioner, og de var et rigere udtryk for den historicistiske periode.

Men arkitekturhistoriske hensyn var ikke afgørende i den sag, der blev afgjort, før bevaringsbølgen rullede. Høegh-Guldbergs Gades Kaserne lå klart inden for Universitetsparkens naturlige område, og dens bygninger måtte derfor ofres til fordel for nye universitetsbygninger. Langelandsgades Kaserne ligger klart uden for parken, og dens bygninger ligger stadig på kommunal grund. Bag bevaringen af bygningerne lå derfor komplicerede forhandlinger internt i kommunen og mellem kommunen og universitetet, og samtidigt verserede der planer om at bebygge hele kasernens areal med nye bygninger for Forskerparken. Forhandlingernes resultat blev konfirmeret med *Lokalplan nr. 515* fra 1995, der dels sikrer bevaringen af kasernens bygninger, og dels udlægger arealet til offentlige og kulturelle formål.

Et væsentligt argument for bevaringen var, at universitetet kunne anvende kasernebygningerne til udadvendte funktioner som musik og teater i forbindelse med de æstetiske fag. Og sådan blev det i 1998, efter at bygningernes restaurering var overdraget til det københavnske arkitektfirma Dissing+ Wetling as, som havde vundet det krævede EU-udbud om projektet. I lokalhistorisk sammenhæng har bevaringen af kasernens hovedbygningen en

særlig interesse, fordi dens vestfacade stadig har spor af bombardementet i oktober 1944. En del af facadens gesimser er ikke retableret som markering af, hvor en bombe efterlod et stort hul i facaden. Kasernens fægtesal, der er et af de bedst proportionerede huse i komplekset, er indrettet til et fint lille bibliotek, hvor et nyt indskudt dæk og delikate detaljer skaber en intim atmosfære. Det store eksercerhus, som nu er indrettet til teatersale, har en mere rå karakter svarende til rummenes funktion som både værksted og offentligt tilgængeligt teater- og musiksted. Det samme gælder kasernens depotbygning, hvor der er indrettet bl.a. undervisningsrum, værksteder og atelier for studerende i kunsthistorie. Alle de bevarede bygninger ligger ret spredt omkring den store eksercerplads midt i komplekset. Det skaber en både åben og formel rumfornemmelse, som er helt forskellig fra de intime og levende parkrum mellem de gule universitetsbygninger, men som også er et minde om den lange periode, da Århus var landets næststørste garnisonsby.

I 1988, i året da C.F. Møller døde, udgav hans tegnestue og universitetets tekniske forvaltning en publikation med titlen *Universitetsparken og Vennelystparken i Århus. Kortfattet gennemgang af bygninger og anlæg med beskrivelse, intentioner og retningslinier for bygningsmæssige udvidelser og ændringer.* I almindelig omtale har det lille skrift fået det mere funktionelle navn *C.F. Møllers testamente.* Skriftets første afsnit hedder »Terræn og arealforhold«, og heri argumenteres kraftigt for nedrivning af alle Fødselsanstaltens bygninger med

I lokalhistorisk sammenhæng har bevaringen af
kasernens hovedbygningen en særlig interesse,
fordi dens vestfacade stadig har spor
af bombardementet i oktober 1944.

henblik på en ny bebyggelse i gul universitetsstil. Om hovedbygningen hedder det specielt, at dens »… arkitektur passer meget dårligt til universitetsbebyggelsen.« I øvrigt henviser skriftet til Edmund Hansen-planen fra 1976 som overordnet retningslinje. I det generelle afsnit om universitetets bygningsforhold fremhæves det især, at »… tagflader skal som hovedregel være rene og ubrudte uden vinduer. Hvis dette undtagelsesvis fraviges, må der kun anvendes 9-stens ovale tagvinduer.« Og næsten som besværgelser står der: »Flade tage er udelukket« og: »Plastvinduer må ikke anvendes.« Endelig nævnes de sammenhængende ventilationshætter i tagryggene som et karakteristisk træk, der skal håndhæves ved fremtidige byggerier i parkerne.

De to parkers bevoksning med egetræer og kastaniealléen langs Nørrebrogade ønsker skriftets forfattere selvsagt bevaret og forstærket, og der henvises til den årlige gennemgang af beplantningen, den såkaldte »parkvandring«, som stadsgartneren, universitetets tekniske forvaltning og hidtil C.F. Møllers Tegnestue har foretaget. »Testamentets« karakteristiske holdning til parkkultur fremgår af følgende formulering: »Prydbuske, blomster, bede, løg i plænerne og lignende er udelukket …« Det generelle afsnit omtaler yderligere parklamper og skiltning. Det anbefales, at »… den høje parklampe, der er anvendt i størstedelen af Universitetsparken …« fortsat bør være grundlag for parkens belysning. Alligevel blev der i 2001 iværksat en udskiftning af parklamperne med »Kinu-lygter«, som er en enkel, retningsbestemt parklygte

tegnet af C.F. Møllers Tegnestue og produceret af Louis Poulsen. Med sit afdæmpede og ret tekniske design er Kinu-lygten helt tidssvarende, og den er et passende udtryk for nutidig belysningsteknik i den 70 år gamle park. På et foto fra Universitetsparken i 1935 kan man se en parklampe med en kraftig stander af udsmykket støbejern, hvorpå der foroven, midt i en lodret ring, sidder en lampe med form som et omvendt vaskefad. Det var en kommunal lampe, der stod flere steder i byen, og som var typisk for datidens vaklen mellem tradition og modernitet.

»Testamentets« omtale af skiltningen ved parkbyggerierne er ganske rigoristisk. Skiltningen findes overalt på bygningerne, hvor den består af hvide enkeltbogstaver i skriftypen Futura udført i højt relief af hvidmalet zink eller aluminium og opsat direkte på murværket. Herom hedder det simpelthen: »Typen skal absolut benyttes overalt ved nyanlæg og ændringer i parkområdet.« Det krav er efterlevet, idet skiltning ikke har det samme behov for teknisk renovering som belysning – en lykkelig omstændighed, der har bevaret dette enkle og karakteristiske samspil mellem typografi, skiltning og arkitektur.

Den resterende og største del af »testamentet« indeholder en detaljeret gennemgang af de enkelte bygninger i parkerne med retningslinjer for – eller indtrængende ønsker om – bestemte fremgangsmåder ved udvidelser eller ændringer. »Vandrehallen bør ligesom aulaen være forskånet for ændringer,«

hedder det f.eks , og eventuelle ændringer i Hovedbygningens lange gange skal udføres med korrekte materialer og forbandt i væggenes murværk og i gulvenes belægning med Hasle-klinker. Verserende ønsker om vinduesåbninger i Bogtårnet får denne bemærkning: »Dette bør totalt udelukkes.« Naturligt nok anbefaler »testamentet« en særlig nænsomhed omkring den første bygning fra 1933, der nu anvendes af Juridisk Institut. Man beklager de store tilbygninger, som blev opført i 1960'erne og 1970'erne, og understreger, at yderligere udvidelser her »under *ingen omstændigheder* kan finde sted.«

Bygningen, der engang blev kaldt »den gamle hovedbygning«, og som nu har bygningsnummer 340-342, er et klenodie både som enestående dansk arkitektur fra 1930'erne, som et markant bygningsværk i lokalhistorien og som en milepæl i historien om Aarhus Universitet. Derfor er der klart belæg for den nænsomhed, der anbefales i »testamentet«. Heri fremhæves særligt forhallen med dens store vindue og fritbærende trappe, hoveddøren af teaktræ som var en gave fra Østasiatisk Kompagni, og de »rigeligt store normalvinduer fra »glastiden's første år …« som detaljer, der bør bevares uden ændringer. Bevaringsværdige er også de tre originale ringeklokker fra 1933, som sidder på hoveddøren med indskrifterne »Fysik«, »Kemi« og »Anatomi«. *Lokalplan nr. 376* giver intet juridisk grundlag for bevaring af interiører i de gule bygninger. Planens bevaringsbestemmelser handler kun om bebyg-

gelsens ydre fremtræden« (§7). I bygning 340-342 er der sket flere uheldige ændringer i interiørerne, som mønstrede linoleumsgulve, smart belysning og vægge malet i modefarver. Det ville være en relevant bevaringsopgave at både forhallen og en eller flere af korridorerne blev ført helt tilbage til det oprindelige udseende. I sin bog fra 1978 har C.F. Møller beskrevet det spartanske interiør i 1933: »… hvidtede indvendige vægge, sortbejdset fyrretræstræværk og ammoniakbehandlede egetræsgulve, medens radiatorer og rør var malet i heraldiske farver.« Udtrykket »heraldiske«, der har at gøre med våbenskjolde, skal i denne forbindelse sikkert forstås som klare, ublandede grundfarver, der ofte blev anvendt på detaljer i den tidlige funktionalismes ellers hvide interiører.

Det er bygningernes vinduer, der har ændret sig mest gennem tiden. Vinduer er sarte bygningsdele, der er særligt udsatte for vejrlig og slid, og ved parkbyggerierne er der derfor foretaget reparationer og udskiftninger flere gange afhængigt af bygningens alder. De første bygninger havde vinduer af spinkle stålprofiler, der var valgt med omhu, for det spinkle var en vigtig del af den moderne arkitektur. Der skulle så meget lys som muligt ind gennem vindueshullerne. Profilerne blev fremstillet hos »Smeden i Lem«, H.S. Hansens fabrik i Lem ved Ringkøbing, som også leverede vinduer til Århus Kommunehospital. Fabrikken fremstillede nemlig staldvinduer og var derfor vant til at arbejde med spinkle profiler. Selvom de oprindelige stålvinduer var udstyret

med forsatsruder, kunne de ikke klare det danske klima. C.F. Møller eksperimenterede selv uden større held med forbedringer i form af teaklister på profilerne, men fra slutningen af 1960'erne forsvandt »elegancen i vinduernes stålprofiler«, som Tobias Faber skrev om den første bygning fra 1933. Man udskiftede først med vinduer af hule stålprofiler og siden med profiler af aluminium for at løse problemerne med tæthed og kondens. Derefter kom der nye typer af ruder med to og tre lag glas, senere igen ruder med gasarter i luftmellemrummet, der forbedrer isoleringsevnen og senest lavenergiruder med specielt coated glas. Disse typer har så også en svag farvning af glasset.

Hele denne udvikling medførte nødvendigvis kraftigere profiler. Ved en generel udskiftning af vinduer i Hovedbygningen, som foretages i 2003, isættes indadgående dreje-kip-vinduer efter et tysk system, som har en del funktionelle fordele, men som har endnu kraftigere profiler. Forskellen til de oprindelige stålvinduer er endnu større og dermed til den oprindelige arkitektur. Den er konstant truet, selvom *Lokalplan nr. 376* bestemmer, at der ikke må anvendes »… profiler, som i bredde/højde overskrider allerede anvendte størrelser på tilsvarende vinduer eller døre i lokalplanområdets bygninger.« I 2003 er også hele det store gavlvindue i Aulaen udskiftet. Det bestod tidligere af to vinduespartier opsat med ca. ½ meters afstand og med gardiner i mellemrummet. I det nye parti er er profilbredden ikke forøget, og det er monteret med lavenergiruder, der er udstyret med indbyggede persienner. I slutningen

af 1980'erne måtte gavlpartiet i øvrigt gennemgå en større reparation på grund af skader, der på flere måder skyldtes 2. verdenskrig. Dels var partiets stålankre i murværket rustet, fordi de ikke var blevet smurt med cement, som man ikke kunne få dengang, og dels fik partiet en kraftig rystelse ved bombardementet i 1944.

Veje og stier i Universitetsparken er offentlige, hvilket vil sige, at Århus Kommune står for deres anlæg, mens vedligehold og rydning påhviler universitetet. Siden de første veje blev anlagt i 1933, har man som belægning anvendt asfalt, der også ligger på de større stier. Asfalt er et temmelig bastant materiale, der i større mængder ikke klæder en park. Men med den kraftige, både hårde og bløde trafik, der efterhånden går gennem Universitetsparken, er asfalten nok nødvendig. C.F. Møller har i sin bog fra 1978 udtrykt sig diplomatisk om spørgsmålet: »Dog forløber gangstierne uafhængige af vejbanerne således at alt for brede sammenhængende asfaltbånd i de grønne arealer i nogen grad er undgået.« Hvis den nuværende balance mellem asfalt- og græsarealer fastholdes, er en oprindelig karakter i parken da også bevaret.

Statens Forsknings- og Uddannelsesbygninger udbød i år 2000 det udvendige tilsyn med bygningerne ved de højere uddannelser. Entreprisen blev overdraget til Konsortiet Sloth Møller, der ved Aarhus Universitet har entreret med arkitektfirmaet Arkitema som lokal underentreprenør. En EU-licitation i 2002 om byggeri og udvendig vedligeholdelse, herunder tilsyn med Universi-

tetsparken, fik det udfald, at entreprisen for de følgende fire år gik til det kø-
benhavnske firma KHR AS arkitekter. Oprindeligt hed firmaet Krohn & Hartvig
Rasmussen, og en af dets stiftere var den Gunnar Krohn, der som ansat hos
C.F. Møller var med til at projektere universitetets Hovedbygning i begyndel-
sen af 1940'erne. En spinkel, historisk tråd kan altså siges at være bevaret i
dette brud med næsten 70 års samarbejde mellem universitetet og C.F. Møl-
lers Tegnestue. Alligevel er det åbenbart, at den traditionelle, tætte kontakt
mellem bygværk, bygherre og arkitekt er under opløsning. Det er et mønster,
der gennem de seneste årtier har været synligt overalt i byggebranchen. To-
talentrepriser, EU-udbud, bygherrerådgivere, partnering og lignende begre-
ber tegner mønstret, hvor økonomi og tid har højeste prioritet i alle byggeri-
ets faser.

Bygningsbevaringen i almindelighed har det nødvendigvis svært under
disse nye vilkår, fordi varetagelsen af arkitektoniske og bygningshistoriske kva-
liteter gerne kræver bekostelige og urationelle løsninger. For så vidt angår det
ydre af det gule byggeri i parkerne er den bevarende *Lokalplan nr. 376* nok
den bedst mulige sikring af dette arkitekturværk i international klasse, der
samtidig skal fungere som et dynamisk universitet. Derimod er byggeriets
interiører som nævnt ikke beskyttet af den bevarende lokalplan. Det kan ska-
be muligheder for uheldige løsninger, der på langt sigt undergraver den arki-
tektoniske helhed. Bygningsbevaringen er desuden altid underlagt den aktu-

elle, politiske virkelighed. En lokalplan gælder kun, indtil den eventuelt bliver
afløst af en ny lokalplan. Styrken ved byggeriet i parkerne er, at det er grund-
lagt på en robust idé, og at det er opført med en robust byggeteknik, der
også indeholder en vis fleksibilitet. Det er en elementær råstyrke, der nok i
sidste instans er afgørende for, at man holder balancen mellem bevaring og
forandring.

CONSERVATION AND CHANGE | It was first after three decades of building activity that the State and the Municipality of Aarhus began to request long-term development plans for the University. Until then C.F. Møller's drawing office had been working on a number of plans for further development of the grounds. The increasing number of students during the 1960s was an important reason for the sudden public interest. In 1966 the Ministry of Education decided to form a working committee with the aim of creating a long-term expansion plan – giving attention to both the architectonic unity and to the two Parks as public, recreational areas. The committee was named after Edmund Hansen who was the Commissioner of Building Activity in the Ministry of Housing. Changes in the municipal planning rules for local government in 1975 provided the tool that was required, but until its implementation the Edmund Hansen plan became the 'building law' for the Parks.

The years following the massive building activity of the 1970s were quiet, until the Steno Museum was erected in 1993-94. As the grounds had become increasingly crowded with buildings the subsequent planning activity became more a matter of registration and conservation than development. A local statute No. 122 from 1980 was the legal foundation for demolishing one of the barracks but was short-lived and was replaced by No. 376 from 1993, which is clearly defined as a 'local conservation plan' that was to secure the architectonic unity and the public area in both Parks. Its purpose was '...

not to create a museum for an epoch, but to preserve it as a living, working environment'. Consequently, conservation was not the chosen path. Part of Statute 376 was – unexpectedly – to 'protect the main building of the State Maternity Home'. Therefore, it seems that between 1976 (when the Hansen Plan had called for the removal of the building) and 1993, the conservational value of the building began to be appreciated.

Another building taken over by the University by the end of the 1990s was the Langelandgade Barracks. The architectural value of this building was questionable and although another barrack was considered more valuable it was demolished because of its location on the grounds. Quite complicated negotiations followed between the Municipality of Aarhus and the University, the result being confirmed in another statute, No. 515 from 1995 which, on the one hand, secures the conservation of the Barracks' buildings, and on the other, opens the area for public and cultural purposes.

In 1988 when C.F.Møller died, his drawing office published a booklet entitled: *The University Park and Vennelyst Park in Aarhus. Short examination of the buildings and grounds, with descriptions, intentions and guidelines for extensions and changes to the buildings.* This publication has, with some justification, later been dubbed 'Møllers Testament', as Møller spells out exactly what may – and especially what may not be introduced in the future. For example: '… flat roofs are out of the question'; 'plastic windows may not be used'; and 'the connected ventilation hoods on the ridges of the roofs should continue to be used as a special feature in any future building in the Parks'.

Statute No. 376 gives no legal foundation for conservation of the interiors of the yellow buildings. This resulted in some unfortunate examples of changes to the interior decoration of the first building from 1933, such as patterned linoleum on the floors, fancy illumination, or fashionable colours on the walls. It would seem relevant to the conservation of this building that hallways and corridors be restored to their original appearance. In 1978 Møller described the original Spartan interior: 'white interior walls, black stained pine woodwork, and ammonia treated oak floors. Radiators and piping were painted in heraldic colours', the latter meaning 'clear unmixed basic colours'. These colours were used very often on the details in the earlier functionalism's otherwise white interiors.

The paths and roads on the grounds of the University Park are open to the general public, which means that the Municipality of Aarhus is in charge of their maintenance. The roads have always been paved with asphalt which is a rather heavy, uncompromising technical material, normally not suited to a park, but it does seem to be rather a practical solution when one remembers the substantial traffic moving about the University Park.

Statute No. 376 mentions clearly that 'the unity of the Park and the architectonic value of Møller's buildings should be maintained', but also 'flexibility and open-mindedness towards new ideas to gain the best out of the physical capacity' is also a condition. The two conditions clearly show the constant dilemma in which the yellow buildings of the University are placed.

European Union regulations regarding public works have made a dramatic change in the way in which all future commissioning of work is to be organized. The C.F. Møller drawing office today is no longer responsible for the University buildings. Generally speaking it can be said that the traditional close contact between those who commission a building, the architect, and the building itself, is in the process of dissolving.

Conservation, in general, may be especially hard hit by these changes because the protection of the architectonic and historic qualities in buildings often demands costly and irrational solutions. The conservation of buildings is of course always influenced by the political reality. The strength of the yellow buildings in the University Park is that they were founded on a robust idea and then built with a robust mixture of traditional and modern building traditions. This may keep a balance between conservation and change.

10

**Om gamle og nye bygningsanlæg uden for parkerne –
om gult og rødt murværk – om gæstearkitekter – om helt
nye materialer og farver – om langsigtede visioner – og
om det bymæssige samspil mellem Aarhus Universitet og
moderbyen Århus.**

OMKRING PARKERNE | Siden universitetets første bygning blev rejst
for 70 år siden, har spørgsmålet om institutionens behov for udvidelser af
grundarealer og bygninger konstant været på dagsordenen. I korte træk kan
bygningshistorien for Aarhus Universitet opdeles i tre faser. Den første var en
lang periode med centralisering i de to parker, Universitetsparken og Venne-
lystparken, så fulgte en delvis decentralisering omkring 1970, og endelig,
gennem de sidste ca. 15 år, en bestræbelse på at samle universitetets stadigt
større volumen i og omkring parkerne. Gennem de første fire årtier kunne
behovet dækkes inden for parkerne, men de ambitiøse planer for en større
udflytning omkring 1970, der er omtalt tidligere, fik i det mindste det resul-
tat, at bl.a. institutterne for Nordisk Sprog og Litteratur og Romanske Sprog
flyttede til Trøjborg, og Psykologisk Institut blev oprettet i Risskov. Desuden
har en række institutter eksterne enheder som f.eks. arkæologi og etnografi
ved Moesgård Museum, marin biologi, geofysik og idræt forskellige steder i
Katrinebjergområdet, botanik i Risskov og i Botanisk Have.

Efter ekspansionerne i 1970'erne var der relativ ro omkring udvidelser,
indtil midten af 1980'erne da begrebet »forskerpark« blev aktuelt. Det be-
gyndte 1986-87 som et forsøg i et midlertidigt pavillonbyggeri på et areal
ved Langelandsgade Kaserne, hvor det udenlandske koncept »science park«
skulle afprøves. Initiativet kom fra Århus Kommunes Erhvervskontaktudvalg,
der sammen med universitetet kunne se perspektiverne i et tættere samarbej-
de mellem erhverv og forskning. Forsøget faldt så heldigt ud, at Århus Kom-
mune allerede i 1987, gennem *Lokalplan nr. 317,* skabte det byplanmæssige
grundlag for et permanent byggeri for institutionen »Forskerpark-Aarhus
A/S«. En forudsætning var, at der blev udarbejdet en samlet dispositionsplan
for hele kaserneområdet i samarbejde med Undervisnings- og Forsknings-
ministeriet.

I følge *Lokalplan nr. 317* skulle Forskerparkens bygninger brede sig over
hele kasernearealet samt den såkaldte »kolonihavegrund« på hjørnet af Lan-
gelandsgade og Gustav Wieds Vej. Retningerne for disse bygninger er dels
parallelt med, dels vinkelret på den krumme Gustav Wieds Vej, altså retninger
der er forskellige fra orienteringen af de gule bygninger i parkerne. Om byg-
ningernes udseende bestemte lokalplanen kun, at de skal »harmonere med
den omkringliggende bebyggelse«, at de skal »udformes som teglbyggeri
med sadeltag«, og at der »ikke må isættes vinduer i tagfladerne.« Netop i
august 1987 udtalte C.F. Møller i et interview: »Men det lægger jeg meget

vægt på, at vi ikke kommer til at aflevere en lille gul bygning, en universitetsbygning, ovre mellem forskerbarakkerne. Det synes jeg, var en ulykke.«
Udtalelsen kan tolkes som den gamle arkitekts vision om, at det berømte, gule byggeri skulle holdes inden for parkerne, en vision der forekommer indlysende rigtig, når man betragter samspillet mellem parkbyggerierne og Kommunehospitalet, Nobelparken samt de gamle og nye bygninger for Det Teologiske Fakultet.

Gule blev Forskerparkens bygninger alligevel. Idéen har været, at de kun i store træk skulle være som parkbyggerierne. Det antyder en tilknytning til universitetet, men Forskerparkens identitet ville have været mere klar, hvis den havde fået sit helt eget formsprog. Lighederne ligger alene i de gule mursten og sadeltagene med 33° hældning, mens en række detaljer adskiller bygningerne ved Gustav Wieds Vej fra deres ophav. Bygningernes orientering er naturligt nok bestemt af retningen på adgangsvejen, Gustav Wieds Vej, men denne orientering er en væsentlig forskel fra parkbyggerierne, som i sig selv taler for en klar arkitektonisk adskillelse af de to byggerier. »Bajonetforsætningen« af bygninger, der er et karakteristisk princip ved parkbyggerierne, er ved Forskerparken ændret til, at de enkelte bygninger hægtes sammen med glaspartier. Det har nogle praktiske fordele, bl.a. ved udligning af krumningen på Gustav Wieds Vej, og selvstændige glasbygninger var desuden et tidstypisk træk i 1980'erne. Yderligere er trappetårne gjort til selvstændige

bygninger ved gavlene, hvor de har et asymmetrisk profil på de symmetriske gavle.

Tagfladernes ukrænkelighed, der har været et omstridt, men stort set håndhævet princip ved parkbyggerierne, er lempet væsentligt ved Forskerparken, hvor der findes både store ovenlys og tagryttere. Ved bygningernes indretning er der anvendt skråtstillede vægge i indgangenes foyer, hvilket også er et træk, der placerer byggeriet i 1980'erne. Endelig er Forskerparkens murværk udført med skrabfuge, dvs. at fugerne ligger i plan med murstenenes yderside, til forskel fra parkbyggerierne, hvis murværk med trykket, dvs. tilbageliggende fuge, ligefrem er påbudt i *Lokalplan nr. 376*. Denne ændring i forhold til traditionen, der skaber mindre relief i murværket, skyldes angiveligt, at kravene til murværkets styrke er skærpet i nyere tid. Alt i alt kan arkitekturen i Forskerparkens permanente byggeri siges at have et ben i både 1930'ernes funktionelle tradition og i 1980'ernes postmodernisme.

Forskerparkens udvidelsesmuligheder over hele kaserneområdet, som de var forudset i *Lokalplan nr. 317*, blev væsentligt beskåret, da Undervisningsministeriets byggedirektorat i 1995 udskrev en rådgiverkonkurrence om bevaring og renovering af Langelandsgades Kasernes bygninger og arealer. Den komplicerede, lokalpolitiske baggrund for konkurrencen er beskrevet i »Bevaring og forandring«. Samtidig blev både *Lokalplan nr. 317* og *nr. 500* fra 1994 om bevaring af Langelandsgade Kaserne erstattet af *Lokalplan nr. 515,* der

fortsat gælder. Heri hedder det om bebyggelsens udseende mere præcist, at »den skal harmonere med den eksisterende, permanente bebyggelse i området, og universitetsbebyggelsen øst for Langelandsgade« – altså en formalisering af lighederne med parkbyggerierne.

I samme periode, da universitetet udvidede sig mod vest, lagde man planerne for en endnu større udvidelse mod nord. »Store Barnow- projektet« foregik på et herostratisk berømt areal i den århusianske sammenhæng. Arealet er et stort område ved det nordøstre hjørne mellem Nordre Ringgade og Randersvej. Her lå gennem mange år »Barnows Tømmerhandel«, der lukkede i slutningen af 1980'erne. Det var en driftig periode for dristige developere, og tømmerpladsen var en stor fristelse i branchen, der så glimrende muligheder for en profitabel udnyttelse af arealet. Den mest »højtragende« idé kom fra developeren Alex Poulsen, hvis projekt med ovenud voldsomme dimensioner alligevel nåede ganske tæt til en realisering. »Stjernetårnet«, som projektet hed, var gennem et par år jævnligt på de danske avisers forsider. Alex Poulsen havde fået arkitekten Jørn Utzon til at tegne en 150 meter høj bygning med 45 etager, der skulle udlejes til ikke nærmere bestemte formål.

Århus Byråd og ikke mindst den daværende borgmester, Thorkild Simonsen, så velvilligt på projektet, og i 1989 udarbejdede man forslag til *Lokalplan nr. 405*, som skulle legalisere tårnets opførelse. Det umanerligt høje bygværk fik da også hurtigt øgenavnet »borgmesterstangen«. Netop i slutningen af

1980'erne var der en stigende interesse for bymiljø i sammenhæng med den tidligere omtalte »bevaringsbølge«. Hele fronten af indignerede fagfolk og miljøbevidste borgere rykkede derfor i felten mod »Stjernetårnet«, og Miljøministeriet udarbejdede bekymrede rapporter om højhuse i almindelighed og det århusianske i særdeleshed. Desuden viste den lokale arkitektforening med visualiseringer og skyggediagrammer, hvilke voldsomme konsekvenser tårnet ville få for byens skyline og for de nærmeste naboer, herunder Aarhus Universitet. Forslaget til lokalplan druknede i indsigelser, men det himmelstræbende tårn blev egentlig kun opgivet på grund af manglende interessenter. Alex Poulsen lod i 1992 nogle danske og udenlandske arkitekter konkurrere om et boligbyggeri på Barnow-grunden, men heller ikke den idé kunne realiseres.

Fra 1994 viste også Aarhus Universitet sin interesse i det nærliggende og attraktive areal, i første omgang som en idé om, sammen med Århus Fællesseminarium, at leje det tidligere byggemarkeds bygning til aflastning af »det nordøstre hjørne«. Samtidig havde entreprenørfirmaet Rasmussen & Schiøtz option på arealet, hvor firmaet sammen med C.F. Møllers Tegnestue arbejdede med et projekt til både boliger, erhverv og lokaler for undervisning. Disse planer fandt universitetet så realistiske, at der i perioden 1995-97 blev skabt grundlag for en delvis udflytning af samfundsvidenskab og humaniora til Store Barnow-byggeriet. Efter komplicerede forhandlinger blev løsningen, at

Forskningsfondens Ejendomsselskab A/S købte størstedelen af det planlagte byggeri, hvor Aarhus Universitet ville indtræde som lejer med baggrund i bevillinger på finansloven til lejemålet. Også den endelige version af Store Barnow- byggeriet er projekteret af C.F. Møllers Tegnestue.

De første etaper af »Nobelparken«, som dette byggeri kom til at hedde, blev taget i brug i januar 1999, hvorefter udbygningen sker løbende frem til slutningen af 2003, da et stort byggeri på den indre grund med auditorium, bibliotek, kantine og undervisningslokaler står færdigt. Det samlede byggeri består derefter af fire blokke vinkelret på Nordre Ringgade, seks blokke vinkelret på Randersvej samt tre punkthuse med boliger på den indre grund, hvor også den nævnte sidste etape er placeret med tre 6-etages bygninger forbundet af en bred mellembygning med fællesrum. De 28 boliger i punkthusene står til rådighed for universitetets gæstelærere. Aktuelt rummer Nobelparken universitetets institutter og centre for sprog, litteratur og kultur, samt nogle erhvervsvirksomheder. Når bebyggelsen på den indre grund er færdig, flytter også Psykologisk Institut ind, ligesom Den Sociale Højskole får et lejemål.

Blokkene mod gaderne, med 5-6 etager mod Randersvej og 5 etager mod Nordre Ringgade, er parvist forbundet af mellembygninger. Motivet med gavle mod gaderne er et arkitektonisk træk, der skal referere til den gule Hovedbygnings gavle mod Nordre Ringgade. Det er en diskret reference, for Nobelparkens arkitektur er generelt meget forskellig fra det gule byggeri i

parkerne, selvom der også er diskrete referencer til den tidlige modernisme f.eks. i hjørneåbningerne og i de spinkle vinduesprofiler. Forskellen fra den gule genbo ligger ikke mindst i Nobelparkens facader af røde mursten. De har en ret lys, næsten orange kulør, som er forskellig fra Kommunehospitalets mørkere facader, men de røde nuancer antyder et passende slægtskab mellem byggerierne omkring parkerne.

De arkitektoniske forskelle er en væsentlig kvalitet i samspillet mellem parkbyggerierne og Nobelparken, hvis bygninger tydeligt er tegnet i 1990'erne. De har kasseformede profiler med flade tage og en skarpskåren, kubistisk karakter. Selvom bygningerne har flere hjørnevinduer og -åbninger, der skal angive en tredimensional form, har de enkelte facader alligevel præg af fladekomposition, dvs. et selvstændigt, todimensionalt udtryk der modvirker bygningens volumen, eller »klumpen« som man sagde i gamle dage. Heri ligger noget typisk for nutidens arkitektur, der for en hver pris vil skabe indtryk af lethed, valgfrihed og fleksibilitet.

Pladsrummene mellem de parvist forbundne blokke er adskilt fra gaderne af glasskærme med næsten samme højde som husene. Skærmene skyldes et krav i lokalplanen om dæmpning af trafikstøjen, men de peger også på et visuelt og funktionelt problem, som er at afgrænse bebyggelsen fra omverdenen, og som kun løses delvist af skærmene. De er i øvrigt udsmykket med lysinstallationen »Ekspansion« udført af kunstneren Viera Collaro, og denne tra-

dition for kunstnerisk udsmykning ved universitetets bygninger vil fortsætte i byggeriet på den indre grund.

Som helhed har Nobelparken en kompakt karakter, der skyldes bebyggelsens højde og tæthed. Det er en bymæssig bebyggelse, hvilket er endnu en kvalitet som modsætning til universitetets åbne parkbebyggelse. De røde, høje og tætliggende huse har desuden et harmonisk forhold til de store boligbebyggelser øst for området. Nobelparken vil aldrig opnå den karakter af selvgroet, uskyldig charme, som findes i parkbyggerierne, men den nye, røde arkitektur er et selvstændigt, værdigt og dækkende udtryk for samtidens prioriteringer og for den erhvervsorientering, der også har fået indpas i universitetsverdenen, og som viser sig direkte ved de erhvervsvirksomheder, der har domicil i Nobelparken.

På det bymæssige niveau har det været hensigten, at Nobelparken skal være en del af »den nordlige port til Århus« – en markant bebyggelse ved indfaldsvejene, Randersvej og Grenåvej. Den ambition er indfriet ved Randersvej, hvor auditoriebygningen for Det Teologiske Fakultet danner den anden del af »porten« på vejens vestside. Bygningen, der blev taget i brug i år 2000, har samme formsprog og materialer som Nobelparken. Arkitekten bag er da også C.F. Møllers Tegnestue, der vandt en konkurrence i 1996 udskrevet af Undervisningsministeriets byggedirektorat om konvertering og udvidelse af det tidligere Ortopædisk Hospital til brug for Det Teologiske Fakultet. Mellem

hospitalets tidligere patientbygning og auditoriebygningen er der skabt en værdig og indbydende indgangsplads til fakultetet, og herfra kan man få indtryk af universitetets forskellige arkitekturer. Mod syd ser man Hovedbygningen i det gamle, gule byggeri, mod øst Nobelparken og mod nord det om- og tilbyggede hospital, og man ser desuden en interessant treklang af røde nuancer. Hospitalsbygningerne er opført af en mørk, rød mursten og med mørke fuger. Auditoriebygningens facader er af en lysere rød sten og med lyse fuger, mens Nobelparkens mure som nævnt står i en næsten orange kulør. Farveforskellen mellem de to sidstnævnte er ikke tilsigtet, men den skaber et levende indtryk af de røde byggerier omkring parkerne. Den store foyer i auditoriebygningen er et højt, lyst rum med spændende former i det krumme loft og de fritstående trapper. Materialevalg og farveholdning er diskrete, mens det store vindue mod Nordre Ringgade dominerer rummet både ved sit lys og ved det profane liv uden for vinduet. Orienteringen mod syd skaber dog også nogle problemer med solvarmen. Som helhed er rummet karakterfuldt alene ved sine former, hvormed det illustrerer nutidens rumopfattelse, der prioriterer lethed, åbenhed og fravær af monumentalitet. Denne foyer er et fint supplement til de ellers få markante rum i det samlede universitetskompleks. Bygningens tre auditorier er køligt saglige rum, hvoraf det største har et langt, lavt vindue, der giver indblik fra stien langs sydfacaden. I de tidligere hospitalsbygninger, der nu er indrettet med rum til undervisning, bibliotek

og administration, er der skabt overraskende nye og spændende rumforløb, bl.a. ved gennembrudte etager i det store bibliotek, hvis to afdelinger desuden forbindes af en underjordisk tunnel med reoler og kunstnerisk udsmykning. Alt i alt er det en vellykket konvertering af dette hospital fra 1940, som i datiden var et uhyre moderne byggeri. Konverteringens gode udfald skyldes da også bl.a., at man har kunnet profitere af de moderne kvaliteter i moduler, rumstørrelser og materialer. »Porten til det nordlige Århus« burde også omfatte byggerier på det areal, der kaldes »Lille Barnow« på det sydøstre hjørne mellem Randersvej og Nordre Ringgade. Den vestlige del af arealet anvendes som parkeringsplads, mens den østlige del optages af byggerier for Århus Fællesseminarium. En konkurrence i år 2000 afgjorde, at KHR Arkitekter A/S blev udvalgt til projekteringen af seminariets nyeste bygning. Den har facader af røde sten med mørke fuger men er placeret parallelt med Nordre Ringgade Bygningen spiller derfor ikke med på gavltemaet om en port til Århus, hvilket er ærgerligt. Bygningen falder til gengæld ind i rækken af seminariets vidt forskellige bygninger, der begyndte med Kvindeseminariets monumentale skolehus fra 1910, tegnet af arkitekt Frits Jensen. »Lille Barnow« er et statsejet areal, hvoraf parkeringspladsen er reserveret til universitetsformål.

Betegnelsen »gæstearkitekter« gælder i denne sammenhæng andre arkitekter end C.F. Møllers Tegnestue, som har arbejdet med universitetets byg-

gerier. Statsbibliotekets bygninger hører ikke under universitetet, men de er en organisk del af universitetsanlægget og har oprindeligt haft C.F. Møller som arkitekt. Det var da også en strid mellem Statsbiblioteket og arkitekten, der førte til, at en gæstearkitekt blev hyret til projekteringen af en større ombygning 1993-96 af bibliotekets centrale område. Striden drejede sig om tagfladernes ukrænkelighed. Biblioteket ønskede store, firkantede ovenlys ved nogle studieceller, mens C.F. Møllers Tegnestue ville håndhæve princippet om ingen eller kun små ovale vinduer i tagfladerne. Gæsten var arkitektfirmaet Kjær & Richter, der stod for ombygningen af bibliotekets indgangsfoyer, udlån, læsesale og administrationsrum. Den oprindelige læsesal er uændret som et af de mere karakterfulde rum i universitetskomplekset. Det store greb i ombygningen er »Rotunden«, en cylindrisk form af perforerede metalplader, der fylder det centrale område på de to øverste niveauer, mens nederste niveau er en stor foyer foran kantinen. Rotunden gennembrydes af ganglinjer og skaber varierede arbejdspladser inden for og uden for den krumme væg. Cylinderformen har visuelt en samlende effekt på områdets mange funktioner, hvilket var hensigten med ombygningen, men den er også udtryk for en tidstypisk, postmoderne formalisme, som i dette tilfælde fungerer godt sammen med universitetsbyggeriets ældre modernisme.

I løbet af 2003 står et nyt byggeri færdigt, hvor universitetets institutter for datalogi samt informations- og medievidenskab samles i et tværfagligt

De oprindelige, gule byggerier i Universitetsparken
og Vennelystparken er en klart afgrænset og organisk
enhed, som har sat nogle sideskud.

uddannelses- og forskningsmiljø. Byggeriet, der har Forskningsfondens Ejendomsselskab som bygherre, er 2. etape af et samlet kompleks på hjørnet af Åbogade og Helsingforsgade, kaldet IT-parken, og det første større nybyggeri i det, der skal blive til IT-byen Katrinebjerg. Nybyggeriet kommer ud over universitetets funktioner også til at rumme »Alexandra Instituttet« – et aktieselskab hvis formål er at bygge bro mellem universitetets IT-forskning og erhvervslivet. Byggeriet er resultat af et fælles initiativ fra universitetet, kommunen, amtet og erhvervslivet til at skabe et IT-vækstcenter i det nuværende industriområde.

Realiseringen af IT-byen baserer sig på en planlægning fra midten af 90'erne, der inddrog Katrinebjerg som prioritetsområde i universitetets langsigtede udbygningsplaner. Man havde allerede da aktiviteter i området, dels i egne og dels i lejede bygninger. En midlertidig placering af nogle IT-aktiviteter i en bygning anskaffet af Forskningsfondens Ejendomsselskab førte i 1999 til universitetets beslutning om den samlede udflytning af dets aktiviteter på IT-området til kvarteret. Deraf fulgte planerne om IT-vækstcentret - eller IT-byen Katrinebjerg, som også kommer til at rumme en speciel IT-Forskerpark, hvor universitetet og ejendomsselskabet ligeledes er stærkt engageret. IT-parkens beliggenhed en lille kilometer nord-vest for Universitetsparken svarer til forholdet mellem universitetets Hovedbygning og den sydligste del af Vennelystparken. De langsigtede planer sigter desuden mod, at hele Katrinebjerg-lystparken.

området skal knyttes til universitetsområdet ved sammenhængende byrum og bebyggelser langs Helsingforsgade. Endnu ligger IT-parken dog isoleret fra helheden, og arkitektonisk adskiller det nye byggeri sig radikalt fra universitetets andre byggerier.

IT-parken omfatter dels nogle renoverede bygninger, dels et større nybyggeri, som gennem opkøb af flere ejendomme er blevet samlet i ét kompleks, og ejendomsselskabets bestyrelse valgte her Jørn Schütze som arkitekt. Det nye byggeri er udført med lette facader af mørkegå, blanke plader svarende til vinduerne og pudsede gråmalede trappetårne, som tilsammen giver et indtryk af et industrielt byggeri til industrielle formål. Det er en påfaldende anonym arkitektur til byggeriets funktioner, som er en blanding af naturvidenskab og humaniora på avanceret niveau, men også en arkitektur, der signalerer et teknologisk aspekt og et samvirke med erhvervslivet. Den teknologisk neutrale arkitektur fortsætter indendøre, hvor lange, dunkle midterkorridorer flankeret af enkeltfags arbejdsrum udgør en væsentlig del af interiøret. Indgangsfoyeren mod Åbogade, som forbinder kompleksets to parallelle fløje, er et rum i tre etager med en fritstående glasfacade mod gaden. Det skaber en vis transparens og lethed i rummet, der alligevel domineres af grå-ligt tekniske materialer og detaljer. Vurderet som helhed er IT-byens bygninger mere prosaiske end universitetets andre bygningsanlæg. De udtrykker tidens »mainstream«, og de føjer sig næsten umærkeligt ind i bygningsmas-

sen i det gamle industriområde. Det sidste kan bymæssigt være en kvalitet, men på længere sigt hæmmer det dannelsen af en særlig arkitektonisk identitet for iT-byen.

Udbygningen af Aarhus Universitetet er en løbende proces, der også aktuelt indebærer rokeringer og nye anlæg. Geologisk Institut overtager således Århus Kunstmuseums bygning i Vennelystparken, efter at museet er flyttet til sin nye bygning ved Musikhuset, fagene arkæologi og etnografi får nye og større lokaler i Moesgård Museum, og der foreligger planer for nyt byggeri til Center for Tekniske Kandidatuddannelser ved Ingeniørhøjskolen og for faget idræt i forbindelse med en ny, kommunal idrætshal ved Fjordsgade Skole. Alle fremtidsplanerne indgår i en helhedsplan fra år 2001, der ser udviklingen af Aarhus Universitet i et langsigtet perspektiv. Planen er omtalt i universitetets bog fra 2001 *Aarhus Universitet – åbningsspil mod det 21. århundrede,* hvori udbygningsforløbet i 1900-tallet omtales som en »kombination af plan og held«, og denne kombination vil der givetvis også blive brug for ved realiseringen af de langsigtede planer.

Helhedsplanen, der er udarbejdet af universitetet i samarbejde med Undervisningsministeriets byggedirektorat og C.F. Møllers Tegnestue, indeholder bl.a. en udbygningsplan, som med et perspektiv på ca. 10 år drejer sig om kendte eller forudseelige behov for nye byggerier eller lejemål. For universitetets udvidelser mod nordvest skitserer helhedsplanen, hvordan man kan skabe den nævnte kobling mellem Katrinebjerg-området og de eksisterende bebyggelser i og omkring Universitets- og Vennelystparken, mens en visionsplan med et meget langt og bredt perspektiv omfatter både universitet og beslægtede institutioner. Visionen forudser et bånd af eksisterende og nye institutioner langs Nørrebrogade og Randersvej. Med universitetet som tyngdepunkt strækker båndet sig fra den nordlige del af Århus Havn, hvor der er planer for både institutions- og boligbyggeri, til Skejby Sygehus – en strækning på 7,5 km.

Visionsplanen er en vidtrækkende illustration af det evige tema om samspillet mellem by og universitet, men allerede nu viser bystrukturen omkring Aarhus Universitet en stadigt tættere integration mellem moderbyen og universitetet. De oprindelige, gule byggerier i Universitetsparken og Vennelystparken er en klart afgrænset og organisk enhed, som har sat nogle sideskud. De fletter sig ind i byens kontekst, enten som ældre bygningsanlæg med nye funktioner eller som nye byggerier, der er grundlag for helt nye formationer. Således viser byplanen for det nordlige Århus, at parkbyggerierne også på det overordnede niveau er en organisk, livskraftig kerne.

AROUND THE PARKS | Briefly, the history of the buildings of Aarhus University can be divided into three phases: The first was a long period of centralization in the two parks – University Park and Vennelyst Park, followed by a semi-decentralization around 1970, and then in the past 15 years the effort to assemble the ever-growing magnitude of the University in and around the Parks.

In the mid-1980s the new concept 'science park' had to be tested. Therefore, with this in mind, some preliminary pavilions were erected in 1986-87 on the open area surrounding the Langelandsgade Barracks. The initiative originated from the Business Contact Committee that, together with the University, was aware of the perspectives of a closer cooperation between industry and science. The outcome of the test was so interesting that a new Statute No. 317 was passed in 1987, which provided the legal foundation for permanent housing facilities for the institution 'Science Park-Aarhus A/S'. This was intended to develop in the area of the Barracks as well as the so-called 'kolonihave' areas, so was truly a breakthrough. Statute 317 mentioned that, architecturally, the new buildings should be in harmony with the surrounding buildings and should be 'fashioned in brickwork with saddle roofs', and that 'no windows may be placed in the roofs'.

C.F Møller mentioned in an interview in August that year that it would be unfortunate if a 'little yellow building' was placed between the Barracks build-

ings, and this can be interpreted to mean outside of the University Park itself. Nevertheless, it was decided to do exactly this, as the buildings were to resemble those in the University Park. So, built in yellow brick with a 33° inclination of the roof, the buildings in the Science Park never really gained their own identity. If one should give an architectural designation to the permanent buildings of the Science Park, this would be a mix of the functionalistic tradition of the 1930s and the post-modernism of the 1980s.

At the time when the University expanded towards the west, an even greater expansion towards the north was in the planning phase – 'The Great Barnow-project'. This involved a large building site previously occupied by the timber merchant, Barnow. This firm closed down at the end of the 1980s but due to the excellent size of the grounds and the location many different suggestions were made for its use, the most pretentious coming from a developer whose idea was almost realized. It involved a project named 'The Star Tower', which managed to hit the front pages of the Danish newspapers. The main features of this project were a 150m building with 45 stories, designed by Jørn Utzon. The proposal had the support of the Mayor, and in 1989 a new Statute, No. 405, was to legalize the erection of the tower. Exactly at that time, though, a rising interest in city-environmentalism had begun in connection with the 'conservation movement', and this caused massive opposition to the project. A lack of interest finally put an end to the proposal.

Then in 1992 the same developer called an international architect competition for a housing project on the Barnow site, but this idea was not to be realized either.

C.F. Møller's drawing office developed plans for a building project that included private housing as well as premises for business and educational purposes. These plans were of special interest to the University, and in the period 1995-97 the final plan for the 'Great Barnow' development was agreed. The Research Foundation Real Estate Company was the owner of the complex, while the University itself became one of the tenants.

The first stage of the Nobel Park (the designation given to the project) was inaugurated in 1999, and upon its completion at the end of 2003, it will be housing Institutes for language, literature and culture, psychology, the Social High School, a library, as well as many private enterprises.

The architecture of the Nobel Park is clearly a brainchild of the 1990s: cubistic but referring to the older modernism, including typical contemporary details in the facades. The Nobel Park, together with the Auditoria building for the new Faculty of Theology (a result of the successful conversion of the 1940 hospital buildings) form a northern gate to Aarhus, and in a town-planning context, the complex has architecturally been quite successful.

Due to the height and density of the buildings, the Nobel Park displays a compactness that is in contrast to the older yellow buildings of the University. While these new red brick buildings harmonize very well with the massive housing complexes near by, they are also an independent, dignified and comprehensive expression of contemporary educational priorities as well as the business orientation that has made its way into the world of the University.

The designation 'Guest Architects' applies to those architects – other than C.F. Møller's drawing office – who have worked on University building projects. The architect firm, Kjær & Richter fall into this category. A dispute between C.F. Møller's drawing office and the State Library regarding the original demand for unbroken roof surfaces, provoked the invitation of another architectural firm to design the Library. The guest architects managed to introduce a Rotunda, which brings together the multiple uses of the Library. It has even successfully matched the older modernism of the University buildings.

In 2003 another new development will be finalized, i.e. the IT-Town, located on Katrinebjerg. This new complex will partly consist of renovated older buildings and partly of new buildings. A new architect, Jørn Schütze was appointed for this development. In its entirety, the IT buildings will show mainstream architecture and will – in an anonymous way – blend into the existing industrial buildings in the area. This may be acceptable from a town-planning viewpoint, but will prevent the creation of a particular architectonic identity for the IT-town.

Long term development planning has been outlined by the C.F. Møller drawing office. One section of this plan is a 10-year perspective covering all known or predictable demands for building or renting contracts, whilst the other is a visionary plan with a wide perspective that covers existing and new institutions for both the University's and related institutions along Nørrebrogade and Randersvej, with the University as the centre of gravity – stretching from the northern harbour area to the hospital at Skejby – a distance of 7.5 km.

This visionary plan is a far-reaching illustration of the old theme on an interplay between Town and University. Although the University has spread its wings, the town plan for the northern part of Aarhus shows that the buildings of the University Park and Vennelyst Park remain an organic, vigorous core.

Om bygningerne ved de yngre, danske universitetsanlæg – om opgøret med plangrundlag og arkitektur fra 1970'erne – og om den særlige status, som parkbyggerierne ved Aarhus Universitet har i sammenhængen.

SAMMENHÆNGEN | I sidste halvdel af 1900-tallet skete en eksplosiv udvikling i de højere uddannelser i Danmark. De to universiteter i København og Århus blev udvidet, men dertil blev der bygget flere nye. Udformningen af disse nye universiteter foregik naturligt nok på et helt andet grundlag end det, der 40 år tidligere var fundamentet for de første bygninger ved Aarhus Universitet. Derfor er det lærerigt at betragte parkbyggerierne i Århus på baggrund af bygningsanlæggene ved de yngre danske universiteter – og ved det nyeste universitetsbyggeri i København.

Danmarks tredje universitet blev placeret i Odense efter en konkurrence i 1967, som blev vundet af arkitektfirmaet Krohn & Hartvig Rasmussen, som nu hedder KHR arkitekter A/S. Også universitetet i Odense har siden sin begyndelse skiftet navn og hedder nu Syddansk Universitet (SDU), der har afdelinger i Kolding Esbjerg og Sønderborg. Da første del af byggeriet i Odense stod færdigt 1971, var det udtryk for datidens idéer om store strukturer, hvori alle elementer er ligeværdige. Denne såkaldte »strukturalisme« kan også kaldes en demokratisk arkitektur, som i sit princip korresponderede godt med det dengang ulmende ungdoms- og studenteroprør. Alligevel er SDU-bygningernes udtryk tungt og mørkt med facader af rustrødt stål, konstruktioner i grå beton og dunkle interiører. Datidens »brutalisme« i arkitekturen satte også sit præg. Og for at sikre udvidelsesmulighederne er anlægget placeret som en kompakt by på et stort, åbent areal i udkanten af Odense.

I bogen *Den sidste danmarkshistorie* fra 1996 beskriver historikeren Søren Mørch, der er ansat ved SDU, byggeriet som et monument over flere træk i datidens Danmark: »Af hvilken art er så de forestillinger »det demokratiske Danmark« satte sig et monument over? Man fristes umiddelbart til at sige »det socialdemokratiske Danmark« og ved socialdemokratisk forstå »det kgl. danske Socialdemokrati«. Det var ikke et politisk parti, men en institution omfattende beslutningstagere fra alle partier.« Senere beskriver Mørck SDU´s byggeri som »… et monument – egentlig ikke alene over 1960´erne, men over hele kong Frederik 9.'s regeringstid.« På den baggrund efterlyser Mørch nogle mere tydelige pejlemærker i byggeriets uoverskuelige struktur af ligeværdige elementer, f.eks. en hovedindgang. Den skulle da, efter Mørchs forslag, prydes med »en statue af kong Frederik 9., den konge om hvem legenden siger, at han var socialdemokrat.«

Historikerens analyse af arkitekturen er glimrende, og hans ønske om en hovedindgang blev opfyldt. En EU-konkurrence i 1997, som blev vundet af arkitektfirmaet CUBO, skulle dels anvise rammerne for udvidelser, dels skulle

209

der gøres op med den flade, demokratiske struktur i det gamle byggeri, bl.a. ved at tilføje en hovedindgang. Den er nu udført – dog ikke med en statue af kong Frederik – men med en skulptur udført af billedkunstneren Jørn Larsen, der også har udsmykket det nye »campustorv«, som hovedindgangen fører til. Campustorvet er et stort, lyst rum med en vis monumental karakter, der står i diskret kontrast til den gamle, flade struktur. CUBO har desuden stået for flere nye byggerier ved universitetsanlægget i Odense, hvor det nye – med respekt for idéen i det gamle – tilføjer en lysere og lettere tone.

Det arkitektoniske sporskifte ved SDU er karakteristisk for de forandringer, der sker ved flere af de danske universiteters bygningsanlæg omkring årtusindskiftet. Det nuværende Danmarks Tekniske Universitet (DTU) flyttede i 1974 til et nyt anlæg på Lundtoftesletten nord for København. Byggeriet havde Eva og Nils Koppel som arkitekter og er et udtryk for »strukturalismen« men i en meget åben udgave, idet bygningerne ligger så spredt på den store slette, at det er vanskeligt at orientere sig i anlægget. Desuden er bygningernes arkitektur ret anonym. Af disse grunde blev der 2002-03 afholdt en arkitektkonkurrence, der skal sikre en tættere sammenknytning af DTU´s delområder, skabe en fælles identitet for hele området og anvise udformningen af nye byggerier. Vinderforslaget kom også her fra arkitektfirmaet CUBO, der tilføjer en række nye bygninger i en let og nutidig arkitektur, og som skaber nogle visuelle holdepunkter i den ellers ensartede bygningsmasse. Et væsent-

ligt greb i forslaget er omdannelsen af den ca. 1½ km lange avenue, der deler DTU-anlægget på langs. I de bilglade 1960'ere blev avenuen anlagt som en særdeles rummelig, beplantet parkeringsplads. Nu foreslås den brudt op af bygninger og haverum, så den både funktionelt og visuelt kan blive det samlende element, som det store anlæg har savnet.

Roskilde Universitetscenter (RUC) fik som udgangspunkt en stedmoderlig behandling arkitektonisk set. Det første byggeri fra 1972 var resultat af en totalentreprisekonkurrence og fik præg af et industrialiseret byggeri. I sin bog *Kvalitet, tak!* fra 1991 gør arkitekt Steen Estvad Petersen, opmærksom på det ironiske forhold, at Aarhus Universitets solide og berømmede bygninger opførtes under lavkonjunktur i de kriseplagede 1930'ere, mens RUC's første byggeri blev til i en velstandsperiode med højkonjunktur. Siden den spartanske begyndelse har bl.a. Henning Larsens Tegnestue stået for byggerier ved RUC, en større udvidelse er taget i brug i 2003, og samtidig har man afgjort to konkurrencer om RUC's fremtidige udbygning.

Den ene om de bygningsmæssige forhold blev vundet af WITRAZ arkitekter, mens den anden om de landskabelige forhold blev vundet af landskabsarkitekt Preben Skaarup. Ifølge vinderforslagene bliver en lang boulevard, der skal samle skiftende perioders ret forskellige byggerier, et væsentligt træk i fremtidens RUC. Det ændrer dog ikke foreløbigt ved, at RUC ligesom SDU i Odense er placeret i et åbent landskab.

212   Byggeriet for Aalborg Universitet (AAU – tidligere AUC) blev til efter en konkurrence i 1975, vundet af arkitekterne Dall & Lindhardtsen. De første bygninger blev taget i brug i 1977, hvorefter udbygningen er sket kontinuerligt, ikke blot med bygninger for universitetet men også med institutions-, erhvervs- og boligbyggeri, så der efterhånden er opstået en egentlig bydannelse omkring universitetet. AAU's bygninger er overvejende lave og med flade tage, mens enkelte særlige bygninger har større højde og skrå tage. Facaderne har aflange proportioner, der forstærkes af græsvolde omkring bygningerne, konstruktionerne er af beton i svære dimensioner, og der er udfyldende partier af rødt murværk. Det er klart udtryk for den førnævnte »brutalisme«. Men efterhånden har anlægget fået en sådan størrelse, at det er svært at orientere sig i det, og trods den bastante arkitektur findes der kun få bygninger, der skiller sig tilstrækkeligt ud som pejlemærker. Efter en konkurrence i år 2000 om AAU's udbygning, som blev vundet af arkitektfirmaet Kjær & Richter i samarbejde med landskabsarkitekt Peter Sørensen, sigtes der nu mod at tilføre den eksisterende, ensartede struktur et markant træk i form af et hovedstrøg, der går vest-øst gennem hele området. I dette nye bybånd placeres fælles funktioner, og uden for bybåndet skabes plads til bl.a. de funktioner, som nu er spredt i Aalborg by. Og arkitektonisk gøres der op med 1970'ernes »brutalisme«, idet nye undervisningsbygninger vil blive lette og fleksible, mens fællesbygningerne får en dynamisk og futuristisk udformning.

Det er påfaldende, at de yngste, danske universiteter omkring årtusindskiftet har planlagt næsten samme form for indgreb i deres gamle bygningsstruktur. Nu drejer det sig om identitetsskabende arkitektur i modsætning til den oprindelige, der lagde vægt på fællesskabets ensartethed. Nu skal fleksibiliteten være reel i form af lette, foranderlige konstruktioner, og nu skal der skabes »landmarks«, pejlemærker i de lave bygningsmasser, der desuden skal gennemskæres af brede, bymæssige hovedstrøg. Disse aktuelle forhold ved universiteterne viser, at 1970'ernes planfilosofi og arkitektur har en begrænset holdbarhed, for så vidt som de ikke indfrier nutidens behov for forandringsparathed og monumentalitet, dvs. et formsprog der korresponderer med de aktuelle, nyliberale prioriteringer inden for kulturliv og politik. Men afstanden herfra til de venstreorienterede prioriteringer i 1970'erne er også stor.

På den baggrund er det interessant, at det nyeste byggeri fra 2002 ved Københavns Universitet på Amager (KUA) er en slags bymæssigt campusanlæg. De store, fritliggende bygninger har facader af lys natursten og danner distingverede byrum langs »Emil Holms Kanal« der går gennem anlægget. Det er en storladen arkitektur, som i et nyklassisk formsprog signalerer om et universitet. KUA-byggeriet er efter en konkurrence i 1996-97 tegnet af KHR arkitekter A/S og udgør første etape af en række parallelle bygninger forbundet af et gangstrøg til metrostationen ved Njalsgade. En ombygning og udvidelse af KUA's midlertidige byggeri fra 1970'erne er desuden fastlagt ved en

konkurrence i år 2000, som blev vundet af arkitektfirmaet Arkitema. Det samlede KUA-anlæg skal integreres i – og være lokomotiv for – den nye by Ørestaden i lighed med andre statsinstitutioner som Danmarks Radio og Det Kongelige Biblioteks magasiner. Ørestaden er endnu, trods metrostation og flere store byggerier, kun omridset af en by, som vil blive meget forskellig fra de klassiske forestillinger om en by. Men forestillingen om et samspil mellem by og universitet er også i dette specielle tilfælde noget afgørende.

I festskriftet til tidligere rektor, Henning Lehmann, *Dannelse, uddannelse, universiteter* fra 2002 behandler arkitekt, professor Nils-Ole Lund i artiklen *Universitetsbyggeri* hele historien bag det internationale universitetsbyggeri, der naturligt har smittet af på det danske. Som konklusion på udviklingen gennem de seneste årtier skriver Lund: »Den gamle campusmodel med fritliggende bygninger omkring en park har vist sig at være mere åben for forandring end de sammenhængende systembyggerier.« Denne konstatering bekræftes yderligere af de nyeste initiativer til indgreb i de yngre universitetsanlæg, som er beskrevet ovenfor. Som et forbillede for campusmodellen nævner Lund universitetet i Charlotteville i Virginia, USA, som blev opført 1819-26 efter tegninger af Thomas Jefferson, staternes tredje præsident 1801-09. Som arkitekt og byplanlægger var Jefferson rationalist og klassicist, men samtidig havde han en udtalt aversion mod byer. Hans universitet i Charlotteville er derfor det klassiske billede af universitetet som et isoleret, selvstændigt by-

samfund med boliger for studerende og lærere, og med bibliotek og auditorium som det monumentale klimaks i det aksefaste anlæg omkring en grønning – en campus.

Forholdet mellem by og universitet har altid været kontroversielt, som også denne gennemgang af de yngre, danske universiteter viser. Aarhus Universitet blev oprindeligt anlagt som en campus med boliger for professorer og studerende sammen med bygninger for undervisning og forskning, og der var passende afstand mellem byen og universitetet. I den forstand har det sine rødder i klassicismen hos Thomas Jefferson. Til gengæld var universitets arkitektur en klar accept af en ny tid, selvom de moderne, gule bygninger også bærer på en klassisk arv. I takt med udbygningen er den klassiske campusfunktion nedtonet, og Aarhus Universitetet er blevet så tæt integreret i sin »moderby«, at det nu er et byuniversitet i en form, som man ikke kunne forestille sig omkring 1930.

Gennem sin tilpas langsomme vækst har det gule campusanlæg balanceret sig frem til et funktionelt og behageligt forhold mellem isolation og integration, mellem bebyggelse og park og mellem tradition og modernitet. Parkbyggeriernes robuste arkitektur har desuden en generalitet, der i den omskiftelige virkelighed har vist sig mere fleksibel end nok så snedige, teknologiske løsninger baseret på avancerede planteorier.

Mens de yngre danske, universitetsanlæg må gøre op med deres oprin-

delse ved dybe indgreb og forandringer, er parkbyggeriet i Århus blevet et fredningsværdigt, internationalt berømmet bygværk, der er beskyttet af en bevarende lokalplan. Derved demonstrerer byggeriet, at begrebet »god arkitektur« – ud over sine mange udefinerlige kvaliteter – også forudsætter den helt håndgribelige kvalitet, som er langtidsholdbarhed. I flere sammenhænge er der brugt organiske metaforer om dette byggeri. I den aktuelle udviklingsfase for Aarhus Universitet med store udvidelser knyttet til den oprindelige campus, kan parkbyggerierne beskrives som en frodig rodknold, der har sat både blomster og sideskud. Og knolden har i al sin naturlige uskyldighed en organisk kraft, der kan holde sammen på både sig selv og sine gevækster.

I den internationale, historiske sammenhæng befinder Aarhus Universitet med 75 år bag sig kun i sit tidlige forår, men i sammenligninger af de yngre, danske universiteter kan man høre det i Århus omtalt som »det fine, gamle«.

COHERENCE | Over the past 50 years there has been a massive development in tertiary education in Denmark. The Universities in Copenhagen and Aarhus expanded, and even new universities were built. The architectural design of the new universities was completely different from that used 40 years earlier in the first buildings of the University of Aarhus. It is interesting, therefore, to study the Park buildings and compare these with the buildings of the new universities, as well as with the most recent buildings at the University of Copenhagen.

The third university in Denmark was placed in Odense and is now known as the University of Southern Denmark (SDU) – with departments in Kolding, Sønderborg and Esbjerg. When the first Odense buildings were finished in 1971, they expressed the then current architectural idea of large structures in which all the elements were equal. 'Structuralism', as it is known, may also be dubbed 'democratic architecture', which corresponded quite well with the smouldering student and youth rebellion of the time. Despite this, however, the buildings seem grey and dark with their rusty steel facades, grey concrete structures and dark interiors. The 'brutalism' of the architecture of the day really made its point.

Søren Mørch, a historian at the University of Southern Denmark, has called the Odense buildings a monument to many of the traits in the Danish society at the time. What Mørch found missing from this otherwise 'unnavig-able' edifice of equal elements, was the presence of some distinctive structures – for example, a main entrance. The historian's wish was fulfilled when a main entrance was erected as a result of an EU competition in 1997. The architect firm CUBO won the competition and their assignment was to find ways of alleviating the problem of the flat, democratic structure of the old building style, as well as to establish the framework for future expansion of the University buildings. CUBO designed the main entrance which leads to a new campus square – a large, bright area of monumental character, standing in discreet contrast to the old, flat structure, and they have also been responsible for several other new buildings with a rather brighter and lighter tone.

The Danish Technical University (DTU) was moved from the centre of Copenhagen to Lyngby in 1974. This new institution was designed by Eva and Niels Koppel in a very open style of structuralism. The buildings are spread over a large plain, which makes orientation quite difficult, and in addition the architecture of the buildings is rather anonymous. For these reasons an architectural competition was called in 2002-03 to establish better coherence between the different parts of DTU, to create a common identity for the complete area, and to provide plans for future developments. Again CUBO was the winner. Several new buildings are now planned in a light, modern architecture, which will create some visual highlights in an otherwise monotonous building complex. A significant change will also be the conversion of a 1½ km avenue – formerly used for parking – that at present divides the DTU complex. The avenue is now to be fragmented by buildings and smaller gardens, so that functionally and visually an element can be created which unites all of the buildings in a way that hitherto has been absent.

The first buildings of Roskilde University Center (RUC) were finished in 1972 and had the character of industrial buildings. In his book from 1991, *Quality Please,* the architect Steen Estvad Petersen points out that Aarhus University was built in a period of low economic activity and crises in the 1930s, whilst RUC was built in a period of wealth and high economic activity. The original, modest buildings of the RUC complex have later been improved. Henning Larsen's drawing office has been responsible for expansion projects, some of which were inaugurated in 2003. In the same year, two competitions for the future development of the complex were won, respectively, by the architect firm WITRAZ, and the landscape architect Preben Skaarup.

Aalborg University's (AAU) first buildings were inaugurated in 1977. Expansion has been continuous – not just with buildings for the University, but also with institutional, business and private accommodation, so that it actually forms a town that surrounds the University. Most of the buildings have low, flat roofs, but some few have higher, sloping roofs. The facades have oblong proportions that are reinforced by grass ramparts around the buildings; the structures are of heavy-dimensioned concrete, and the walls are in red brick. The architect firm Kjær and Richter, in co-operation with landscape architect Peter Sørensen, won the competition in 2000 for expansions to AAU. The aim is to substitute the 'brutalism' of the 1970s with new teaching facilities which will become lighter and more flexible, while the common buildings will be given a dynamic and futuristic design.

Interestingly, in wishing to establish their own architectural identity all the younger universities in Denmark seem to have planned almost the same changes to their older buildings. With this in mind, it is worth noting, therefore, that the University of Copenhagen's (KUA) new buildings from 2002 constitute a town-like campus. The large, detached buildings have facades of light natural stone and create a distinguished public space along the Emil Holm Canal that crosses through the grounds. It is grandiose architecture, which in a neo-classic style signalizes a University. This building project is based on a competition from 1996-97, won by the firm KHR Architects, and covers the first stage of a row of parallel buildings which are connected by footpaths to the subway station in the neighbourhood. As a result of a competition from 2000, won by the architect firm Arkitema, it is also planned that the temporary buildings of KUA from 1970 will be modified and expanded.

In the Festschrift to Henning Lehmann in 2002, Professor Nils-Ole Lund in his article deals with international university architecture, which naturally has had an impact on Danish architecture. Referring to developments during recent decades, he concludes: 'The old campus model with detached buildings around a park has proved itself more open to change than the connected systematized buildings'. This statement is moreover demonstrated by the latest initiatives of the younger universities. As a perfect example of the campus model, Nils-Ole Lund mentions the University of Charlotteville in Virginia, built in the period 1819-26 after drawings by Thomas Jefferson – one of the 'founding fathers' and third President of the United States.

The University of Aarhus was originally intended as a campus, which included facilities for education and research, as well as houses for the professors and students, and although in that respect the campus had its roots in classicism, the University's architecture was nevertheless a clear acceptance of new times. While the younger Danish universities must re-assess the aesthetics of their buildings, the Park buildings in Aarhus have demonstrated that the concept 'good architecture' – apart from many indefinable qualities – anticipates a very definable concept of quality: durability in the long term.

In many contexts organic metaphors have been used to describe the yellow buildings in the Parks: a fertile rootstock, that has produced both flowers and shoots. The rootstock has maintained in all its natural innocence an organic power, which can keep itself and its 'offspring' in place.

Nobelparken
Sprog
491
493
495
5177
Universitets-
forlaget
Langelandsgade
Tåsingegade
442
447
Randersvej
467
481
483
466
485
465
482
484
Stakladen
Studenternes
430
Hus Fredrik Nielsens Vej
Fredrikshus
445
Teologi
463
462
461
Jens Chr. Skous Vej
452
451
453
455
423
422
421
444
443
440
431
420
441
Konferencecenter
Nordre Ringgade
Administrationen
Vestre Ringgade
Nordre Ringgade

Humaniora
328
415
410
Seminarium
Statsbiblioteket
414
413
Aula
411
326
Antikmuseet
412
325
Gustav Wieds Vej
360
343
350
Økonomi
4
194
3
193
342
327
324
323
Forskerparken
B3
5
195
2
192
Jura
351
331
320
322
10D
B1
B2
583
6
196
1
191
340
333
P1
B4
Kollegier
341
330
321
09A
P2
B6
B5
582
581
190
Statskundskab
332
07B
P3
3120
584
512
Kemi
185
Carl Holst-Knudsens Vej
3017
585
580
513
510
511
181
Biofysik
182
Kollegier
7
313
8
312
Æstetiske Fag
514
516
163
9
311
310
Emil Aarestrups Vej
Kaserne
Scenen
515
171
160
Fysiologi
525
172
170
06D
522
Med
Biokemi
162
161
243
523
520
150
Husholdning
244
Fysik og Astronomi
532
Zoologi
211
245
242
Matematik
530
534
137
141
213
Naturhistorisk
Museum
Bartholin-
bygningen
533
536
Biologi
135
140
212
210
241
240
Biologi
550
535
134
221
222
223
03A
540
541
Molekylær-
biologi
130
220
230
231
251
252
Auditoriehuset
18B
Datalogi
131
122
232
233
235
250
253
266
Retsmedicin
120
Anatomi
262
267
268
100
Geologi
234
264
261
265
260
Victor Albeck-
Bygningen
102
101
111
Samfundsmedicin
Steno
Museet
110
Geologi
Vennelyst Boulevard
090
01E
Århus
Universitets-
hospital
610
613
611
Tandlæge-
skolen
612
631
Sygeplejerske-
højskolen
614
632
630
633
Kollegium
Pressens
Uddannelsescenter
Aarhus
Kunstmuseum

IT-parken
Storcenter
Nord
Forskerparken
Nobel-
parken
Trøjborg
Centret
Trøjborg-
komplekset
Universitets-
parken
Botanisk
Have
Væksthusene

221

Bygninger der benyttes af
Aarhus Universitet (evt. delvist)

Bygninger med tilknytning til
Aarhus Universitet / Andre bygninger

1933

3D-tegningerne viser forskellige stadier i
Aarhus Universitets bygningshistorie.
For hvert årstal er vist de bygninger, der på
det pågældende tidspunkt var opført eller
overtaget af Aarhus Universitet.
Veje er på alle tegninger angivet med deres
nuværende placering og udstrækning.

REGISTRANT FOR BYGNINGER I UNIVERSITETS- OG VENNELYSTPARKEN
SAMT BYGNINGER MED TILKNYTNING TIL AARHUS UNIVERSITET

Bygnings nr.	Aktuel benyttelse	Opført / indviet år	Ombygget år	Anvendt bruttoareal	Ejerskab til bygningen	Noter
	Første ciffer i bygningsnumrene er identifikation af områder. (På kortet side 221 er første ciffer udeladt).					
UNIVERSITETSPARKEN						
1340	Jura	1933		3.022 m²	1	Universitetets første hovedbygning. Opført for indsamlede midler.
1341	Jura	1933		751 m²	1	Komplekset har i perioden rummet forskellige fag som Anatomi m.v. og senest Fysik
1342	Jura	1933		568 m²	1	(inden da også Kemi og Matematik) frem til 1974. Auditoriet i bygning 1343 blev i
1343	Jura	1933	1976	1.405 m²	1	1963-64 sammenbygget med den tidligere højspændingshal fra 1941.
1190	Danmarks Pædagogiske Universitet	1935		291 m²	1	Oprindelig eforbolig, senere Datakontoret. Opført for indsamlede midler.
1191	Kollegium 1	1935			2	Opført for indsamlede midler.
1160	Fysiologi	1937	1991	2.169 m²	1	Oprindelig Medicinsk Biofysik og Fysiologi. Opført for indsamlede midler.
1162	Fysiologi, auditorium	1937	1989	256 m²	1	
1192	Kollegium 2	1936			2	Opført for indsamlede midler.
1193	Kollegium 3	1938			2	Opført for indsamlede midler.
1210	Naturhistorisk Museum	1941			3	Bygningerne havde stået færdige et par år, før de blev indviet i 1941.
1211	Naturhistorisk Museum	1941			3	
1212	Naturhistorisk Museum	1941			3	
1212	Naturhistorisk Museum	1941			3	
1194	Kollegium 4	1942			2	Opført for indsamlede midler.
1195	Kollegium 5	1943			2	Opført for indsamlede midler.

1941

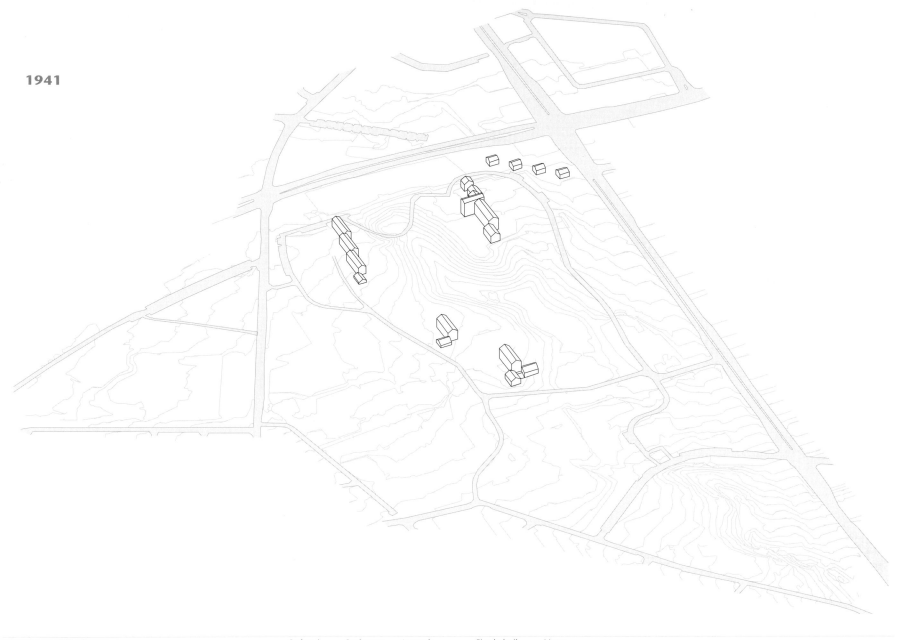

Bygnings nr.	Aktuel benyttelse	Opført / indviet år	Ombygget år	Anvendt bruttoareal	Ejerskab til bygningen	Noter
1410	Vandrehal / Historie, bibliotek m.v.	1946	1977	4.203 m²	1	Universitetets hovedbygning. Finansieret delvist ved indsamlede midler.
1411	Filosofi m.v.	1946	1977	1.209 m²	1	Rummede oprindelig Humaniora, Teologi og Samfundsvidenskab samt rektorat,
1412	Aula	1946		2.832 m²	1	administration og studenternes spisestuer. Senere nogle humanistiske fag og Teologi
1414	Oldtid og Middelalder / Klassisk Arkæologi, bibliotek	1946		2.010 m²	1	frem til 1999. I bygning 1411 fandtes bl.a. maskinmesterens bolig.
1415	Oldtid og Middelalder m.v.	1946	1959	422 m²	1	
1196	Kollegium 6	1947			2	Opført for indsamlede midler.
1197	Fælleshus for kollegierne	1947			2	Oprindelig eforbolig, senere Kollegiekontoret. Opført for indsamlede midler.
1222	Biologi	1950	1999	334 m²	1	Oprindelig Musikvidenskab. Opført for indsamlede midler.
1313	Kollegium 7	1950			2	Opført for indsamlede midler.
1310	Kollegiekontoret	1952		386 m²	1	Oprindelig eforbolig, senere Teknisk Forvaltning. Opført for indsamlede midler.
1161	Medicinerhuset	1953	1978	1.463 m²	1	Oprindelig Hygiejne.
1169	Gangtunnel 160-182	1953		73 m²	1	
1180	Miljø og Arbejdsmedicin, indgangsparti	1953		90 m²	1	Oprindelig Patologi og Farmakologi.
1181	Miljø og Arbejdsmedicin	1953	1978	1.124 m²	1	
1182	Fysiologi / Biofysik / Miljø og Arbejdsmedicin	1953	1977	2.527 m²	1	
1183	Miljø og Arbejdsmedicin, iltrum	1953		4 m²	1	
1311	Kollegium 9	1955			2	Opført for indsamlede midler.
1150	Husholdning	1957		779 m²	1	Delvist finansieret af indsamlede midler.
1185	Biofysik	1958		164 m²	1	
1232	Anatomi, auditorium	1959		455 m²	1	
1233	Anatomi	1959	1974	2.296 m²	1	
1234	Anatomi	1960	1974	2.094 m²	1	

Bygnings nr.	Aktuel benyttelse	Opført / indviet år	Ombygget år	Anvendt bruttoareal	Ejerskab til bygningen	Noter
1330	Statskundskab, bibliotek	1960	2003	866 m²	1	Oprindelig Matematik / Fysik, kantine og øvelseslokaler.
1331	Statskundskab	1960		1.983 m²	1	Oprindelig Matematik.
1333	Statskundskab, auditorium	1960		296 m²	1	
1510	Kemi, hovedindgang	1961		1.891 m²	1	
1511	Kemi	1961		2.649 m²	1	
1512	Kemi	1961		2.467 m²	1	
1513	Kemi	1961		4.312 m²	1	
1514	Kemi, auditorier	1961		1.389 m²	1	
1312	Kollegium 8	1962			2	Opført for indsamlede midler.
1360	Statsbiblioteket	1963			1	
1110	Geologi	1963		2.419 m²	1	Oprindelig Geografi.
1111	Geologi	1963		80 m²	1	
1140	Zoologi	1965		1.768 m²	1	Tidligere undervisningslaboratorier. Nu forskellige funktioner.
1141	Zoologi	1965		182 m²	1	Planlagt at overgå til Naturhistorisk Museum.
1220	Biologi	1965	1999	40 m²	1	Oprindelig Musikvidenskab.
1221	Biologi	1965	1999	576 m²	1	
1223	Biologi, auditorium	1965	1999	378 m²	1	
1264	Master of Public Health	1965	1998	782 m²	1	Oprindelig lægeboliger.
1170	Medicinsk Biokemi, auditorier	1966		1.087 m²	1	
1171	Medicinsk Biokemi	1966		3.045 m²	1	
1120	Geologi	1967	1990	1.537 m²	1	
1122	Geologi, auditorium	1967	1990	416 m²	1	

Bygnings nr.	Aktuel benyttelse	Opført / indviet år	Ombygget år	Anvendt bruttoareal	Ejerskab til bygningen	Noter
1332	Statskundskab	1967		1.197 m²	1	
1121	Geologi, stenkælder	1968		491 m²	1	Underjordisk magasin.
1163	Fysiologi	1968	1991	975 m²	1	
1241	Sundhedsvidenskab, undervisning	1968		1.602 m²	1	Bartholinbygningen.
1521	Videnskabshistorie / Fysik / Astronomi / Statistik	1968	1974	3.067 m²	1	Oprindelig Videnskabshistorie / Fysik / Geologi / Molekylær Biologi.
1529	Depot	1968		77 m²	1	Oprindelig gangtunnel, 521-530.
1530	Matematik	1968		3.550 m²	1	Tidligere også Romansk og Slavisk.
1531	Matematik, auditorier	1968		1.218 m²	1	
1532	Matematik, auditorier	1968		1.764 m²	1	
1533	Matematik, auditorium	1968		982 m²	1	
1534	Matematik, auditorium	1968		745 m²	1	
1535	Matematik / Datalogi	1968		3.637 m²	1	Planlagt ombygget til Biologi efter udflytning af Datalogi 2004.
1536	Matematik, Kantine, bibliotek	1968		1.606 m²	1	
1130	Biologi	1970	1979	3.750 m²	1	
1350	Statskundskab og Jura	1970		3.653 m²	1	Oprindelig Økonomi.
1351	Jura	1970		1.809 m²	1	Tidligere også Økonomi, kantine og bibliotek.
1413	Antikmuseet	1970		1.330 m²	1	Opført under Solgården i forbindelse med dennes renovering.
1541	Datalogi	1970		557 m²	1	Oprindeligt maskinstue for Det Regionale EDB-Center ved Aarhus Universitet (RECAU).
1320	Parkeringskælder	1972	1976	2.297 m²	1	Mellem bygningerne 1321-1324.
1324	Auditorier	1972		760 m²	1	»Det nordøstre hjørne«. Oprindeligt humanistiske fag.
1325	Samfundsvidenskab, undervisning	1972		3.961 m²	1	I forbindelse med opførelsen blev daværende professorboliger nedrevet.
1326	Økonomi	1972		1.714 m²	1	

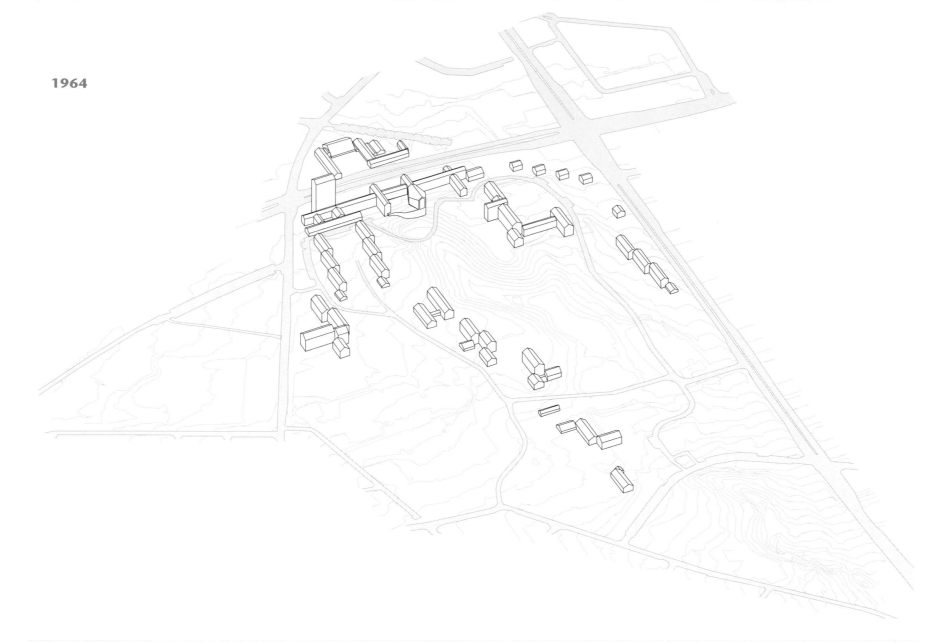

Bygnings nr.	Aktuel benyttelse	Opført / indviet år	Ombygget år	Anvendt bruttoareal	Ejerskab til bygningen	Noter
1329	Gangtunnel, 324-351	1972		104 m²	1	
1540	Datalogi	1972		4.078 m²	1	Oprindelig også RECAU. Planlagt ombygget til Biologi. Datalogi fraflytter 2004.
1550	Biologi (Genetik-Økologi)	1972		1.870 m²	1	
1131	Molekylærbiologi	1974		4.008 m²	1	
1230	Anatomi, indgangsparti	1974		678 m²	1	
1231	Anatomi, undervisning	1974		3.175 m²	1	
1240	Indgangsparti	1974		288 m²	1	Bartholinbygningen.
1242	Medicinsk Mikrobiologi / Farmakologi / Genetik	1974		8.789 m²	1	
1243	Værksted mv.	1974		194 m²	1	
1244	Medicinsk Mikrobiologi / Farmakologi / Genetik	1974		2.060 m²	1	
1245	Mellembygning	1974		221 m²	1	
1246	Tilbygning	1974		6 m²	1	
1247	Nødstrøm	1974		93 m²	1	
1248	Køletårn	1974		33 m²	1	
1520	Fysik / Astronomi, bibliotek	1974		6.531 m²	1	
1522	Fysik / Astronomi	1974		3.827 m²	1	
1523	Fysik / Astronomi	1974		1.521 m²	1	
1524	Fysik, Tandemaccelerator m.v.	1974		1.959 m²	1	Underjordiske laboratorier (under parkeringspladsen) mellem Fysik og Kemi.
1525	Fysik / Astronomi / Geologi	1974		4.713 m²	1	

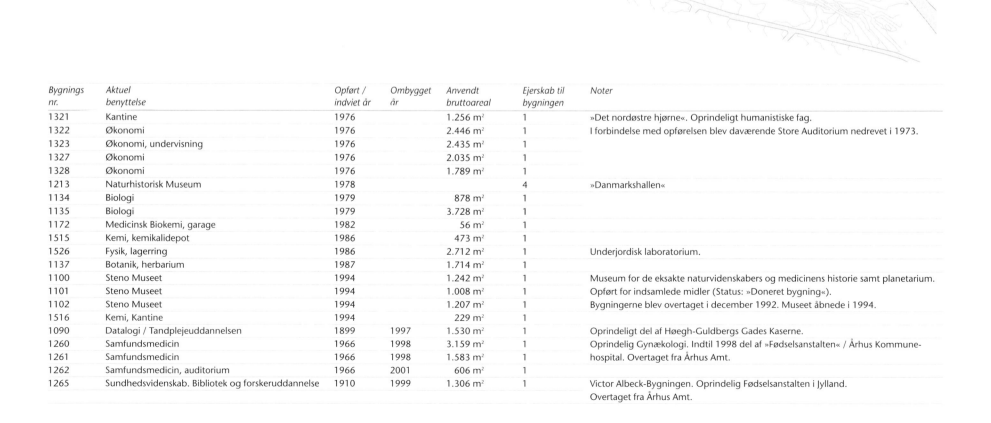

Bygnings nr.	Aktuel benyttelse	Opført / indviet år	Ombygget år	Anvendt bruttoareal	Ejerskab til bygningen	Noter
1321	Kantine	1976		1.256 m²	1	»Det nordøstre hjørne«. Oprindeligt humanistiske fag.
1322	Økonomi	1976		2.446 m²	1	I forbindelse med opførelsen blev daværende Store Auditorium nedrevet i 1973.
1323	Økonomi, undervisning	1976		2.435 m²	1	
1327	Økonomi	1976		2.035 m²	1	
1328	Økonomi	1976		1.789 m²	1	
1213	Naturhistorisk Museum	1978			4	»Danmarkshallen«
1134	Biologi	1979		878 m²	1	
1135	Biologi	1979		3.728 m²	1	
1172	Medicinsk Biokemi, garage	1982		56 m²	1	
1515	Kemi, kemikalidepot	1986		473 m²	1	
1526	Fysik, lagerring	1986		2.712 m²	1	Underjordisk laboratorium.
1137	Botanik, herbarium	1987		1.714 m²	1	
1100	Steno Museet	1994		1.242 m²	1	Museum for de eksakte naturvidenskabers og medicinens historie samt planetarium.
1101	Steno Museet	1994		1.008 m²	1	Opført for indsamlede midler (Status: »Doneret bygning«).
1102	Steno Museet	1994		1.207 m²	1	Bygningerne blev overtaget i december 1992. Museet åbnede i 1994.
1516	Kemi, Kantine	1994		229 m²	1	
1090	Datalogi / Tandplejeuddannelsen	1899	1997	1.530 m²	1	Oprindeligt del af Høegh-Guldbergs Gades Kaserne.
1260	Samfundsmedicin	1966	1998	3.159 m²	1	Oprindelig Gynækologi. Indtil 1998 del af »Fødselsanstalten« / Århus Kommune-
1261	Samfundsmedicin	1966	1998	1.583 m²	1	hospital. Overtaget fra Århus Amt.
1262	Samfundsmedicin, auditorium	1966	2001	606 m²	1	
1265	Sundhedsvidenskab. Bibliotek og forskeruddannelse	1910	1999	1.306 m²	1	Victor Albeck-Bygningen. Oprindelig Fødselsanstalten i Jylland. Overtaget fra Århus Amt.

Bygnings nr.	Aktuel benyttelse	Opført / indviet år	Ombygget år	Anvendt bruttoareal	Ejerskab til bygningen	Noter
1266	Sundhedsvidenskab. Bibliotek og forskeruddannelse	1910	1999	1.342 m²	1	
1267	Sundhedsvidenskab. Bibliotek og forskeruddannelse	1910	1999	967 m²	1	
1268	Sundhedsvidenskab. Bibliotek og forskeruddannelse	1910	1999	748 m²	1	
1235	Anatomi, depot	2001		149 m²	1	
1249	Affaldsdepot	2001		102 m²	1	Bartholinbygningen.
1250	Auditorium, foyer	2001		2.101 m²	1	Auditoriehuset.
1251	Mellembygning	2001		398 m²	1	
1252	Auditorier	2001		1.227 m²	1	
1253	Auditorier	2001		609 m²	1	
VENNELYSTPARKEN						
1611	Odontologi	1958		3.390 m²	1	Oprindelig Århus Tandlægehøjskole. Tandlægehøjskolens indvielse fandt først sted
1612	Odontologi, auditorium	1958		494 m²	1	i 1961 i forbindelse med, at kongeparret besøgte Aarhus Universitet forud for
1610	Odontologi	1960		2.794 m²	1	prinsesse Margrethes studieophold.
1613	Odontologi, klinik	1960		6.455 m²	1	
1614	Odontologi / Skolen for Klinikassistenter Tandplejere og Kliniske tandteknikere	1975		3.783 m²	1	
1630	JCVU, Sygeplejerskehøjskolen	1958			1	Tidligere Danmarks Sygeplejerskehøjskole ved Aarhus Universitet.
1633	Vennelystkollegiet	1958		213 m²	4	Gæstehus for internationale studerende. Oprindelig Dansk Sygeplejeråds kollegium.

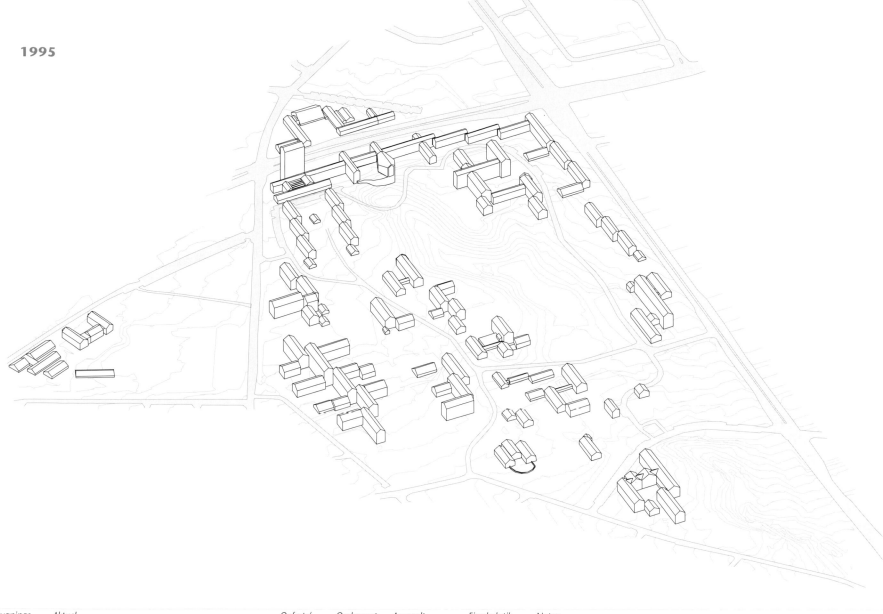

Bygnings nr.	Aktuel benyttelse	Opført / indviet år	Ombygget år	Anvendt bruttoareal	Ejerskab til bygningen	Noter
LANGELANDSGADES KASERNE						
1580	Æstetiske fag, kontorer m.v.	1888	1997	3.049 m²	6	Oprindeligt hovedbygning/mandskabsbygning.
1581	Æstetiske fag, studenterhus	1888	1997	464 m²	6	Oprindeligt officiantbygning.
1582	Æstetiske fag, bibliotek	1888	1997	267 m²	6	Oprindeligt gymnastiksal.
1583	Æstetiske fag, værksted	1888	1997	204 m²	6	Oprindeligt sygestald.
1584	Æstetiske fag, undervisningsfløj	1888	1997	2.076 m²	6	Oprindeligt depotbygning.
1585	Æstetiske fag, koncert- / teatersal	1888	1998	1.163 m²	6	Oprindeligt ridehus.
FORSKERPARKEN						
3120	Molekylær Biologi	1944	1994	206 m²	4	»Barak 12«. Oprindeligt militærbarak. Ombygget til Slavisk, herefter Forskerpark.
FP03	Universitetshistorie mv.	1986		172 m²	5	Pavillonbygninger.
FB01	Molekylær Biologi	1989		1.161 m²	5	Permanent byggeri.
FB02	Molekylær Biologi	1989		654 m²	5	
FB03	Molekylær Biologi	1998		465 m²	5	
FB04	Molekylær Biologi	1998		115 m²	5	
FB05	Molekylær Biologi	1998		1.074 m²	5	
FB06	Molekylær Biologi	1998		1.416 m²	5	

Bygnings nr.	Aktuel benyttelse	Opført / indviet år	Ombygget år	Anvendt bruttoareal	Ejerskab til bygningen	Noter
ADMINISTRATIONEN OG STUDENTERNES HUS						
1428	Gangtunnel, 412-420	1964		154 m²	1	
1420	Konferencecenter og studenterorganisationer	1964		2.511 m²	1	Delvist finansieret af indsamlede midler. I 1991 blev bygning 1420 udbygget med
1422	Studenternes Hus, kaffestuer	1964		2.117 m²	1	et konferencecenter. (Status: »Doneret bygning«).
1423	Studenternes Hus, Stakladen (kantine)	1964		2.129 m²	1	
1429	Gangtunnel, 420-430	1964		117 m²	1	
1430	Administrationen	1964		2.126 m²	1	
1431	Administrationen, rektoratet	1994		1.259 m²	1	
1421	Konferencecenter, Faculty Club	2002		438 m²	1	Ny bygning opført efter nedrivning af tidligere portnerbolig og trappehus. Fondsfinansieret (»Doneret Bygning«).
ORTOPÆDISK HOSPITAL						
1442	Teologi, bibliotek	1940	2000	2.920 m²	1	Ortopædisk Hospital blev opført til Samfundet og Hjemmet for Vanføre (Sahva).
1445	Universitetsadministration	1940	2000	2.982 m²	1	Bygning 1442 var oprindelig operationsfløj, medens 1444 var sengefløj.
1443	Teologi, kontorfløj	1940	2000	5.214 m²	1	1447 rummede bl.a. Sahvas ortopædskomageri og proteseværksted og 1445,
1444	Teologiske fag	1964	2000	261 m²	1	»Fredrikshus«, rummede læge- og sygeplejerskeboliger. Overtaget fra Århus Amt.
1447	Teologi, bibliotek / Samfundsvidenskab (registerforsk.)	1940	2001	1.517 m²	1	
1446	Tunnel, 1442-1447	2000		98 m²	1	
1440	Mellembygning 1441-1443	2000		302 m²	1	
1441	Teologisk Auditorium	2000		1.816 m²	1	

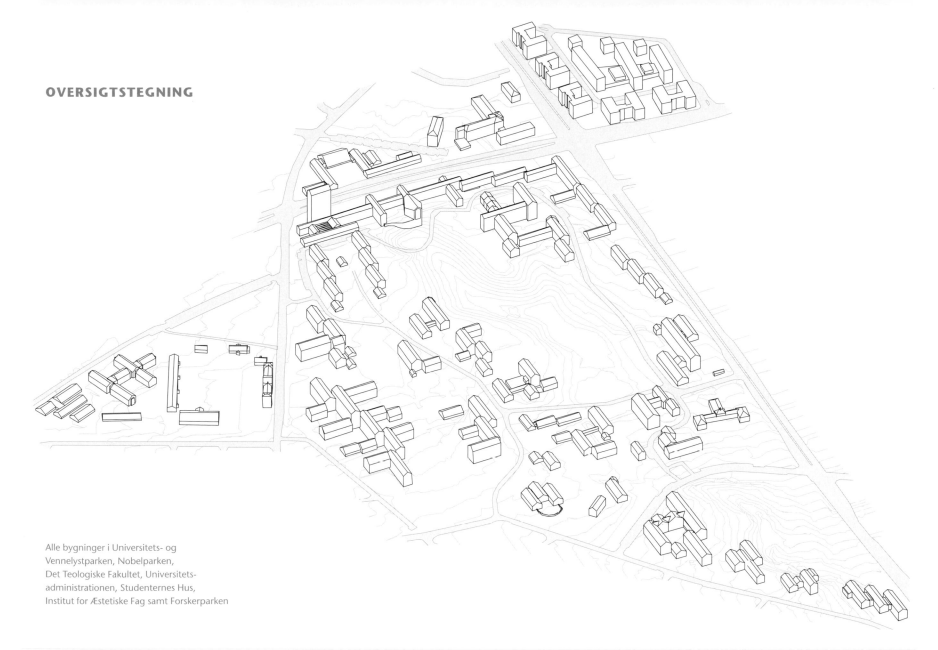

Alle bygninger i Universitets- og
Vennelystparken, Nobelparken,
Det Teologiske Fakultet, Universitets-
administrationen, Studenternes Hus,
Institut for Æstetiske Fag samt Forskerparken

Bygnings nr.	Aktuel benyttelse	Opført / indviet år	Ombygget år	Anvendt bruttoareal	Ejerskab til bygningen	Noter
NOBELPARKEN						Tidligere Barnows Tømmerhandel.
1451	Humaniora, fremmedsprog, kantine	1999		2.610 m²	4	Nobelparken, randbebyggelsen.
1452	Trappebygning	1999		1.380 m²	4	
1453	Humaniora	1999		2.921 m²	4	
1454	Parkeringskælder	1999		822 m²	4	
1455	Undervisningslokaler	1999		487 m²	4	
1461	Fremmedsprog, bibliotek	1999		2.345 m²	4	
1462	Trappebygning, bibliotek	1999		1.473 m²	4	
1463	Fremmedsprog, bibliotek	1999		2.345 m²	4	
1464	Parkeringskælder	1999		687 m²	4	
1465	Fremmedsprog / Lingvistik	1999		2.345 m²	4	
1466	Trappebygning	1999		1.451 m²	4	
1467	Fremmedsprog	1999		2.345 m²	4	
1491	Gæsteforskerboliger	2000		740 m²	4	Nobelparken, punkthuse.
1493	Gæsteforskerboliger	2000		869 m²	4	
1495	Gæsteforskerboliger	2000		869 m²	4	
1481	Psykologi	2003		5.217 m²	4	Nobelparken, indre bebyggelse. Psykologi indflytter ved årsskiftet 2003/2004
1482	Auditorium, kantine	2003		2.229 m²	4	fra Risskov og andre lokaliteter.
1483	Psykologi	2003		2.894 m²	4	

Bygnings nr.	Aktuel benyttelse	Opført / indviet år	Ombygget år	Anvendt bruttoareal	Ejerskab til bygningen	Noter
TRØJBORGKOMPLEKSET						
2110-2117	Nordisk sprog og litteratur / Andet	1895-1952	1974	15.984 m²	1	Oprindeligt bryggeri, senere Jyllands Papirværk. Fra 1974 ombygget til en række
2118-2119	International Student Center					humanistiske fag, hvoraf en del nu er flyttet til andre placeringer.
	Gæstehus / Motionscenter	1895	2000	1.373 m²	1	
OLE RØMER OBSERVATORIET, FREDENSVANG						
4103	Forskerakademiet / Gæsteforskerlejlighed	1910	1977	680 m²	1	Villaen var oprindelig bolig for observator, senere Videnskabshistorisk Museum indtil
4104	Garage	1910		53 m²	1	1992. Status: »Doneret bygning« (Århus kommune).
4105	Observatorium	1910		503 m²	1	
MOESGÅRD						
4200	Arkæologi / Socialantropologi, samlinger	1969	1984	4.117 m²	1	
4220	Etnografi / Socialantropologi	1974		118 m²	1	Oprindeligt Umagnetisk Hus (geofysik).
4218	Forhistorisk Arkæologi		1997	259 m²	1	
4290	Fællesbibliotek	2003		700 m²	1	Pavillon. Fraflyttes i 2004.
FELTSTATIONER, VÆKSTHUSE, FORSØGSGÅRD						
9690	Geologi	1965		331 m²	1	Klim, Feltstation.
8800	Geologi	1970		740 m²	1	Mønsted, Feltstation.
8801	Geologi, garageanlæg	1970		127 m²	1	Mønsted, Feltstation.
3110-3115	Botanik, Væksthusene	1970		2.071 m²	1	Botanisk Have.
9681	Marinbiologi	1972	1980	1.027 m²	1	Rønbjerg, Feltstation.
5830-5836	Botanik, væksthuse, forsøgsmarker	1978 og 1991-93		1.300 m²	1	Påskehøjgård.
5820-5823	Sundhedsvidenskab	1992-93		885 m²	1	Påskehøjgård.
KATRINEBJERG						
5106	Geofysik, kontorer	1948	1973	405 m²	1	Tidligere Høyers Maskinfabrik.
5107	Geofysik, laboratorier	1948	1973	822 m²	1	
5108	Geofysik, undervisning	1948	1973	882 m²	1	
5109	Geofysik, garager	1948	1973	397 m²	1	
5112	Marin Økologi / Miljølære		1997	641 m²	8	Tidligere Musikvidenskab, oprindelig erhvervsejendom. Finlandsgade 12.
5126	Center for Kulturforskning	1987		1.784 m²	4	Katrinebjerg Erhvervscenter. Tidligere en række centre under humaniora.
5128	Datalogi / Informations- & Medievidenskab	1987		665 m²	4	
5114	Marin Økologi	1948	1997	678 m²	4	Tidligere administrationsbygning til jernstøberi. Finlandsgade 14.
5245	Rusmiddelforskning		1996	343 m²	8	Tidligere elfirma. Jens Baggesensvej 45.
5246	Geologi, garage og lager		1996	204 m²	8	Rusmiddelforskning flytter til Nobelparken 2004
5247	Lager			158 m²	8	
589G	Psykologi/Idræt	1987		323 m²	4	Katrinebjerg Erhvervscenter.
589C	Idræt	1940	1998	1.098 m²	4	Oprindelig Århus Emballagefabrik, Katrinebjerg Erhvervscenter.
5343	Datalogi / Informations- & Medievidenskab	1961	1998	827 m²	4	IT-Parken, Vannevar Bush Bygningen. Tidligere erhvervsejendom.
5344	Datalogi / Informations- & Medievidenskab	1964	1999	425 m²	4	IT-Parken, Benjamin Bygningen. Tidligere erhvervsejendom.
524B	AU Sikkerhedstjeneste / Feriefond	1940	1998	24 m²	4	Oprindelig Århus Emballagefabrik. Katrinebjerg Erhvervscenter.
534P	Datalogi	1998		609 m²	8	Midlertidig skurby, nedlægges ultimo 2003.
5177	Aarhus Universitetsforlag		1999	284 m²	8	Tidligere bank, Langelandsgade 117.
5340	Foyer	2000		527 m²	4	IT-Parken, Babbage Bygningen.
5341	Datalogi	2000		768 m²	4	IT-Parken, Turing Bygningen.
5342	Datalogi	2000		1.230 m²	4	IT-Parken, Ada Bygningen.
5345	Center for Avanceret Visualisering og Interaktion (CAVI)		2001	1.003 m²	4	IT-Parken, Dreyer Bygningen.
5795	Datalogi, studenterarbejdspladser		2001	576 m²	8	Zuse Bygningen. Tidligere erhvervsejendom, Katrinebjergvej.
5350	Center for Entrepreneurship mv.		2002	883 m²	8	Tidligere erhvervsejedom, Finlandsgade 25.
5008	Information & Medievidenskab		2003	3.176 m²	8	Tidligere erhvervsejendom, Helsingforsgade 8.
5104	Analyseinstitut for Forskning	1948	1998	600 m²	4	Tidligere erhvervsejendom, Finlandsgade 4.
5346	Datalogi	2003		1.250 m²	4	IT-parken, Hopper Bygningen.
5347	Informations- & Medievidenskab	2003		1.650 m²	4	IT-Parken, Wiener Bygningen.
5365	Datalogi, undervisning		2003	398 m²	4	Tidligere erhvervsejendom, Åbogade 36.
5789	Datalogi / Informations- & Medievidenskab / Idræt	1940	2003	1.068 m²	4	Oprindelig Århus Emballagefabrik, Katrinebjerg Erhvervscenter.

Bygnings nr.	Aktuel benyttelse	Opført / indviet år	Ombygget år	Anvendt bruttoareal	Ejerskab til bygningen	Noter
ANDRE BYGNINGER/LEJEMÅL						
3017	Epidemiologi/Socialmedicin	1955	1962	240 m²	1	Tidligere religionshistorie / Forskerakademiet / Internationalt Sekretariat. Villa, Paludan-Müllers Vej 17.
2204-2207	Psykologi	1971		4.897 m²	1	Pavillonbyggeri i Risskov. Fraflyttes i 2004.
3107	Folkeuniversitetet			215 m²	8	Lejemål i erhvervsejendom. Immervad 7.
2310	Retskemi			551 m²	7	Psykiatrisk Hospital, Risskov.
2268	Botanik	1966	1986	2.232 m²	1	Tidligere cykelfabrik. Nordlandsvej 68.
2900	Magasin/lager. AU, museum, forlag			617 m²	4	Magasin og -fjernlager, Egå.
6630	Planetarium	1992			4	Orion Planetariet, Jels. Oprindelig selvejende institution. Overtaget i 1997 og drives af fond under universitetet.
2208	Psykologi	2002		114 m²	1	Pavillon. Fraflyttes i 2004.
7110	Rusmiddelforskning		2003	170 m²	1	København.
K18B	Retsmedicin	1902		542 m²	7	Århus Kommunehospital.
	Eksperimentel Klinisk Forskning, Sundhedsvidenskab				7	Lokaliseret på en række forskellige afdelinger på Århus Universitetshospital.

Noter vedrørende opførelses-/indvielsesår:
Opførelsesår/indvielsesår kan variere i forskellige kilder.
I videst muligt omfang er indvielses-/ibrugtagningsår anvendt.

Noter vedrørende bruttoareal:
Bruttoareal, gælder kun det areal i den pågældende bygning
som universitetet benytter.

Noter vedrørende ejerskab til bygninger:

Statens Forsknings- og Uddannelsesbygninger	1
Kollegierne i Universitetsparken i Århus (selvejende institution)	2
Naturhistorisk Museum	3
Forskningsfondens Ejendomsselskab A/S	4
Forskerpark Aarhus A/S	5
Århus Kommune	6
Århus Amt	7
Private udlejere/ejendomsselskaber	8

Registreret pr. oktober 2003.

LITTERATUR

Albeck, Gustav (red.): *Aarhus Universitet 1928-1978.* Universitetsforlaget i Aarhus 1978.
Albeck, Gustav: *Student i Århus – erindringer.* Gyldendal 1979.
Andersson, Sven-Ingvar og Steen Høyer: *C.Th. Sørensen – en havekunstner.* Arkitektens Forlag 1993.

Bach-Nielsen, Carsten (red.): *Dannelse, uddannelse, universiteter. Festskrift til Henning Lehmann.*
    Aarhus Universitetsforlag 2002.
Balslev Jørgensen, Lisbet, Hakon Lund og Hans Edvard Nørregaard Nielsen: *Danmarks arkitektur / Magtens*
    bolig. Gyldendal 1980.
Bek, Lise og Anders Frølund (red.): *Kunst i gule rammer.* Aarhus Universitet 1997.
Bentsen, Ivar: *Bygningen.* I Politikens særnummer ved indvielsen af Aarhus Universitets første bygning
    11.09.1933.
Betænkning afgiven af Udvalget om Oprettelse af et Universitet I Jylland. J.H. Schultz A/S 1925.
Blinkenberg, Andreas: *Aarhus Universitet 1928-1953.* Universitetsforlaget i Aarhus 1953.

Caldenby, Claes: *Universitetet och staden.* Arkitektur (svensk) 7/1995.

Degn, Ole (red.): *Da det var nyt i Århus.* Byhistorisk Udvalg / Universitetsforlaget i Aarhus 1970.
Dirckinck-Holmfeld, Lone: *Fremtidens interaktive universitet.* Arkitektur DK 5/2001.
Dybdahl, Vagn (red.): *Hus og Hjem i Århus.* Byhistorisk Udvalg / Universitetsforlaget i Aarhus 1977.

Egede Glahn, Henrik (red.): *Foreningen af 3. december 1892.* Kunstakademiets Forlag, Arkitektskolen og
    Arkitektens Forlag 1992.

Faber, Knud: *Aarhus Universitet, dets Fortid og Nutid.* Ejnar Munksgaard 1937.
Fibæk Larsen, Per: *Fællesskab eller åbenhed på universitetet.* Arkitektur DK 5/2001.
Fisker, Steffen m.fl. (red.): *Kay Fisker.* Arkitektens Forlag 1995.
Friis, Knud: *C.F. Møller og hans universitet.* Aarhuus Stiftstidendes kronik 29.10.1978.

Hammerich, Paul: *Lysmageren.* Gyldendal 1986.
Hansen, Edmund (Edmund Hansen-udvalget): *Universitetsparken – udbygningsplan 1976.*
Henningsen, Poul: *Va mæ kulturen.* Thanning & Appel 1933.
Heath, Ditte m.fl. (udst. katalog): *Arkitekten C.F. Møllers Tegnestue.* Arkitektskolen i Århus 1988.
Hvass, Tyge m.fl. (red.): *Povl Stegmann.* A. Rasmussens Bogtrykkeri 1953.
Hvem – Hvad – Hvor. Politikens Forlag 1944.

Jensen, Bernhardt: *Som Århus morede sig.* Byhistorisk Udvalg / Universitetsforlaget i Aarhus 1966.
Johansen, Hugo og Claus M. Smidt: *Danmarks Arkitektur / Kirkens huse.* Gyldendal 1985.
Jørgensen, Axel G.: *Om Aarhus Universitet.* Arkitekten, 187-205/1949.
Jørstian, Tina og P.E. Munk Nielsen: *Tænd! PH-lampens historie.* Gyldendal 1994.

Konkurrencen om Universitetet i Aarhus. Arkitekten U48, 241/1931.
Korsgaard, Mette og Niels Hannestad (red.): Klassisk *Arkæologi Aarhus Universitet 1949-1999.*
    Det humanistiske Fakultet 1999.

Langkilde, Hans Erling: *Arkitekten Kay Fisker.* Arkitektens Forlag 1960.
Leer Sørensen, Leif: *Edvard Heiberg og dansk funktionalisme.* Arkitektens Forlag 2000.
Lehmann, Henning (red.): *Aarhus Universitet – planer og grundlag.* Aarhus Universitet 1995.
Lehmann, Henning m.fl.: *Aarhus Universitet – åbningsspil mod det 21. århundrede.* Aarhus Universitet 2001.
Lind, Olaf: *Planen i virkeligheden.* Arkitektens Forlag 1968.
Lind, Olaf: *Kunsten i virkeligheden.* Midtjysk Skole- og Kulturfond 1997.
Lund, Nils-Ole: *Universitetet og retten til byen!* Politikens kronik 24.11.1970
Lund, Nils-Ole: *Teoridannelser i arkitekturen.* Arkitektens Forlag 1970 og 1985.
Lund, Nils-Ole: *Universitetet i byen og byen i universitetet.* I *Samvirke og Samspil. En bog om Aarhus*
    Universitet udgivet af Universitets-Samvirket Aarhus 1986.
Lund, Nils-Ole: *Bygmesteren C.F. Møller.* Aarhus Universitetsforlag 1998.
Lund, Nils-Ole: *Auditoriehuset, Aarhus Universitet.* Tegl 3/2001.
Lund, Nils-Ole: *Arkitekturteorier siden 1945.* Arkitektens Forlag 2001.
Lund, Nils-Ole: *Universitetsbyggeri.* I *Dannelse, uddannelse, universiteter. Festskrift til Henning Lehmann.*
    Aarhus Universitetsforlag 2002.
Lykke, Palle: *Billeder af Aarhus Universitets historie.* Aarhus Universitetsforlag 1992.
Lykke, Palle: *Det Lærde Selskab.* Aarhus Universitetsforlag 1995.
Lykke, Palle: *By og universitet.* Aarhus Universitetsforlag 1996.

Mørch, Søren: *Den sidste danmarkshistorie.* Gyldendal 1996.
Møller, C.F, Kay Fisker og Povl Stegmann: *Boliger ved Aarhus Universitet* Arkitekten 123-28/1935.

Møller, C.F.: *Aarhus Universitets bygninger 1933-1961.* Aarhus Universitet 1961.
Møller, C.F.: *Aarhus Universitets bygninger 1933-1966.* Aarhus Universitet 1966.
Møller, C.F.: *Aarhus Universitets bygninger.* Universitetsforlaget i Aarhus 1978.
Møller, C.F., Mogens Lillesø, Inge Knudsen (red.): *Aarhus Universitet.* Aarhus Universitet 1986.
Møller, C.F. og Aarhus Universitet: *Universitets- og Vennelystparken.* Aarhus Universitet 1988.
Møller, Mads: *Romantik og snusfornuft.* Forlaget Privattryk, 1993.
Møller, Mads m.fl. (red.): *Fugls højde.* C.F. Møllers Tegnestue, 1999.
Møller, Mads: *Auditoriehuset, Aarhus Universitet.* Arkitektur DK 5/2001.
Møller, Mads m.fl. (red.): *Auditoriehuset, Aarhus Universitet.* Aarhus Universitet 2001.

Nygaard, Erik: *Dialog og reparation.* Arkitektur DK 5/2001.

Petersen, Steen Estvad: *Kvalitet, tak!* Borgens Forlag 1991.
Prip Pedersen, S. (red.): *Langelandsgade Kaserne.* Jyske Telegrafregiments Fond 1989.

Rasmussen, Steen Eiler: *Nordische Baukunst.* A.G. Hassing / Ernst Wasmuth 1940.
Richards, J.M., Nikolaus Pevsner m.fl. (red.): *Architectural Review* (Danmarksnummer) 1948.
Rishøj, Hans: *Århus i krisetider* Byhistorisk Udvalg / Aarhus Universitetsforlag 1980.
Riccardo Rothschild: *Om Aarhus Universitet.* I Casabella, 1934.

Salto Stephensen, Lulu: *Danmarks havekunst II.* Arkitektens Forlag 2001.
Sejr, Emmanuel: *Århus-Mosaik.* Byhistorisk Udvalg / Universitetsforlaget i Aarhus 1967.
Sejr, Emmanuel: *Gamle Århusgader II.* Byhistorisk Udvalg / Universitetsforlaget i Aarhus 1961.
Sestoft, Jørgen: *I Labyrinten.* Arkitekten 5/1992.
Skautrup, Peter: *Danmarks nye Universitet.* Universitetsforlaget i Aarhus 1946.
Skov Kristensen, Henrik (red.) m.fl.: *Vestallierede luftangreb i Danmark under 2. verdenskrig.* Aarhus
    Universitetsforlag 1988.
Skriver, Poul Erik: *Tre universitetsbygninger i Århus* (Vennelystparken). Arkitektur 4/1962.
Skriver, Poul Erik: *Århus Universitet - administrationsbygningen og studenternes hus samt Statsbiblioteket i*
    Århus. Arkitektur 4/1966.
Skriver, Poul Erik: *The University of Aarhus: a long-term project.* Casabella no. 584, 1991.
Skriver, Poul Erik: *Aarhus Universitets bygninger – en arkitektonisk helhed.* I katalog for udstilling på Steno
    Museet 1994.
Slente, Finn: *Steen Eiler Rasmussen – en bibliografi.* Det Kgl. Bibliotek / Strubes Forlag 1973.
Sneum, Axel: *Da vi startede Aarhus Universitet.* Gyldendal 1946.
Stephensen, Hakon: *Blot en helhed.* Politikens kronik 11.09.1953.

Universitetskollegierne i Århus 1935-1985. Bestyrelsen for Kollegierne i Universitetsparken i Århus 1985.
Universitets-Samvirket / dommerkomitéen: *Program og dommerbetænkning for En Konkurrence om et*
    Universitet i Aarhus, 1931.
Universitetsparken og Vennelystparken i Århus. Kortfattet gennemgang af bygninger og anlæg med beskrivelse,
    intentioner og retningslinier for bygningsmæssige udvidelser og ændringer. C.F. Møllers Tegnestue og
    Aarhus Universitets tekniske forvaltning 1988.

Århus Kommune: *Lokalplan nr. 122 (Offentligt område i Universitetsparken i Århus)* 1980.
Århus Kommune: *Lokalplan nr. 317 (Offentligt område ved Gustav Wieds Vej)* 1986.
Århus Kommune: *Lokalplan nr. 376 (Bevarende lokalplan for Universitetsparken og Vennelystparken)* 1993.
Århus Kommune: *Lokalplan nr. 500 (Bevarende lokalplan for Langelandsgades Kaserne)* 1994.
Århus Kommune: *Lokalplan nr. 515 (Område til offentlige formål ved Langelandsgades kaserne og Forsker-*
    parken) 1995.

VIDEO

Hans Arne Hansen: *Bygmesteren.* TV-udsendelse og video om C.F. Møller. Danmarks Radio 1974.
Johan Richter: *Videointerview med C.F. Møller.* Arkitektskolen i Århus 1975.
Video: *C.F. Møller-forelæsning.* Arkitektskolen i Århus 1987.

ARKIVER

Universitetshistorisk Udvalgs arkiver.
Lokalhistorisk Samling, Århus Kommunes Biblioteker.
C.F. Møllers Tegnestues arkiv.
Aarhuus Stiftstidendes arkiv.
Kunstakademiets Tegningssamling, København.
Det Kgl. Bibliotek, luftfotosektionen.

NAVNEREGISTER

FOTOFORTEGNELSE

Hvor intet andet er anført, er fotos optaget af fotograf Poul Ib Henriksen 2002-03.

238

ARKITEKTURFORTÆLLINGER
– om Aarhus Universitets bygninger

Tekst © Olaf Lind 2003
Fotos © Poul Ib Henriksen 2003
English summaries:
Mary Waters Lund
Grafisk tilrettelægning
og omslag: Jørgen Sparre
Bogen er sat med Stone Sans
Repro og tryk: Narayana Press
Papir: 170 g Galerie Art Silk
Indbinding: Chr. Hendriksen & Søn

ISBN 87 7288 972 1

Bogen udgives med støtte fra
Aarhus Universitets Forskningsfond